AMS
TER
DAM

我在荷蘭當都更說客

鄭采和
采和建築師——著

阿姆斯特丹以人為本的10年街區再生筆記

獻給我的父母

目次

自序 011

第一部 住的實驗 017

租客的人權 020

翻轉床 021
天上掉下來的錢 025
二房東不好當 030
房東也無奈 033
資本主義的狗 036
舊水管區 041
白色自行車 046
「人不能活在鬼扯之中」 051
租金協調部隊 055

海恩　060

環狀運河　061
反對現代主義　068
占據空屋者　073
新市場之亂　077
TEAM X　081
一條街是一個社區　088

阿姆斯特丹學派　094

運河小公寓　095
老南區　098
黎明公寓　102
國家住宅法　105
左右兼顧　109
住宅法人　113

第二部　自由社會 119

住在陸上、住在水上 122
與水共生 123
運河 129
船屋 135
自由主義 139

粗俗聖地與理性主義 146
櫥窗街道 147
一切都發生在教堂旁邊 150
性別思索 153
協和式民主 157

誰的事實？ 160
瑪麗斯卡·馬玉爾 161
櫥窗仲介 167
聯合專案一〇一二計畫 174
妓權的抗爭 179

第三部　社會性重建

規劃 184
性產業的社區衝突 185
小城鎮的紅燈區 190
荷蘭川普 195
規劃思維 200
都市重建的難題 206

211

已開發國家的鬼城 214
荷蘭的鬼城 215
拜默爾 221
阿姆斯特爾三的現實 226

多元（再）開發手段 234
住商分離 235
回到城市 243
街道感 247

住商混合？ 252
阿姆斯特丹式的都市混合策略 258
阿姆斯特爾三的多元開發 262

族群融合 270

都市的社會性重建 271
一位堅定現代主義者的改變 276
從機能的混合到族群的混合 282
一位真正的安那其分子 291
鬼城再生 294
二十一世紀的阿姆斯特丹 298

參考資料 302

我在荷蘭當都更說客——010

自序

從荷蘭搬回臺灣之後，因為在大學兼任授課的關係，常常有學生問我：留學荷蘭是一個好的選擇嗎？每次被問到這個問題的時候，往往不知從何說起。一來是到目前為止，荷蘭不算是臺灣留學生的主流選擇；不像美國，能提供學生更被臺灣社會熟悉或是認可的學歷，或是更大的當地就業市場。二來是因為臺灣對荷蘭社會認知的資訊較少，文化交流也不多，的確需要多花一點時間才能深入了解荷蘭文化。對我來說，在荷蘭（主要在阿姆斯特丹）十多年學習及工作的經歷，頭幾年花了很多時間及力氣才適應當地的生活，決定回臺灣之後，又花了很多年重返原生社會。生命的發展遲緩如我，覺得這樣的歷程不一定適合每一個臺灣小孩。

五年前開始著手寫下這本書的內容，或許就是想要一個開始，開始思考這段經歷對我個人、專業發展上、甚至是我所處的社會所產生的意義。

近十年來，臺灣社會陸續有一些改變，從太陽花學運開始，社會改革的呼聲不斷，諸如房價高漲導致年輕人買不起房子、資源分配不均產生的勞資糾紛……等等，這些社會現象使得新一代的公民希望對大環境及體制進行重新的檢討，這些覺醒也反映在這些年的學生運動、罷工運動及政黨輪替等方面。

荷蘭是一個追求個體自由又講究社會秩序的國家，而阿姆斯特丹又是其中的代表城市。阿姆斯特丹的城市發展，就是一段個體自由跟社會秩序之間不斷拉扯的動態歷史。早在十七世紀，阿姆斯特丹人就已經逐漸擺脫君王的極權統治及教宗的領導，開始實施地方自治，也就是在那個時代，阿姆斯特丹人開啟了理性思辨並且成為自己的主人。與海爭地與治水的經驗（家家戶戶的農人都需要參與）讓阿姆斯特丹人習慣於合作、團體協商及城市規劃的公民參與。

徘徊在自由與秩序之間的各種衝突與妥協經驗，讓荷蘭人不拘泥於政治意識形態，而能在困境之間尋找務實的解決之道。這些經驗充分反映在他們的社會福利政策、住宅政策、城市規劃及建築設計上，是荷蘭社會不斷向前推進的原動力。

以阿姆斯特丹來說，每項都市重建案，都是經歷十幾年以上的公民協商成果，這樣的城市再發展速度比起臺灣城市是慢太多了，尤其是部分都市街區又經歷了現代主義城市規劃的失敗歷程，後續的都市重建及住民重組又花了一整代人的時間再重新來過。相較於臺灣人耳熟能詳的「都市更新」，僅聚焦於一棟建築物的重建或是「一坪換一坪」式的利益兌換，希望阿姆斯斯特丹式的都市重建及街區再生故事，可以提供給讀者跳脫於現狀的思維並引起對公共環境的關心。

本書的標題「我在荷蘭當都更說客」是我和編輯腦力激盪的結果，希望用臺灣文化更能貼近的「都更說客」的角色，帶出我在阿姆斯特丹都市再生下的經歷，也能比較出兩地對於都市重建或是都市更新的不同觀點。我也希望用較為生動、貼近生活的敘述方式，以及在阿姆斯特丹的生活經歷和人物觀察，將當地的城市規劃、住宅機制、多元政策介紹給臺灣讀者，並引出更多的討論，大家一起思考「居住」、「自由」、「多元社會」的種種可能性及當代定義。

當然，下回有學生問我該不該留學荷蘭，我也可以請他／她先讀讀這本書，然後由他／她自行判斷了！

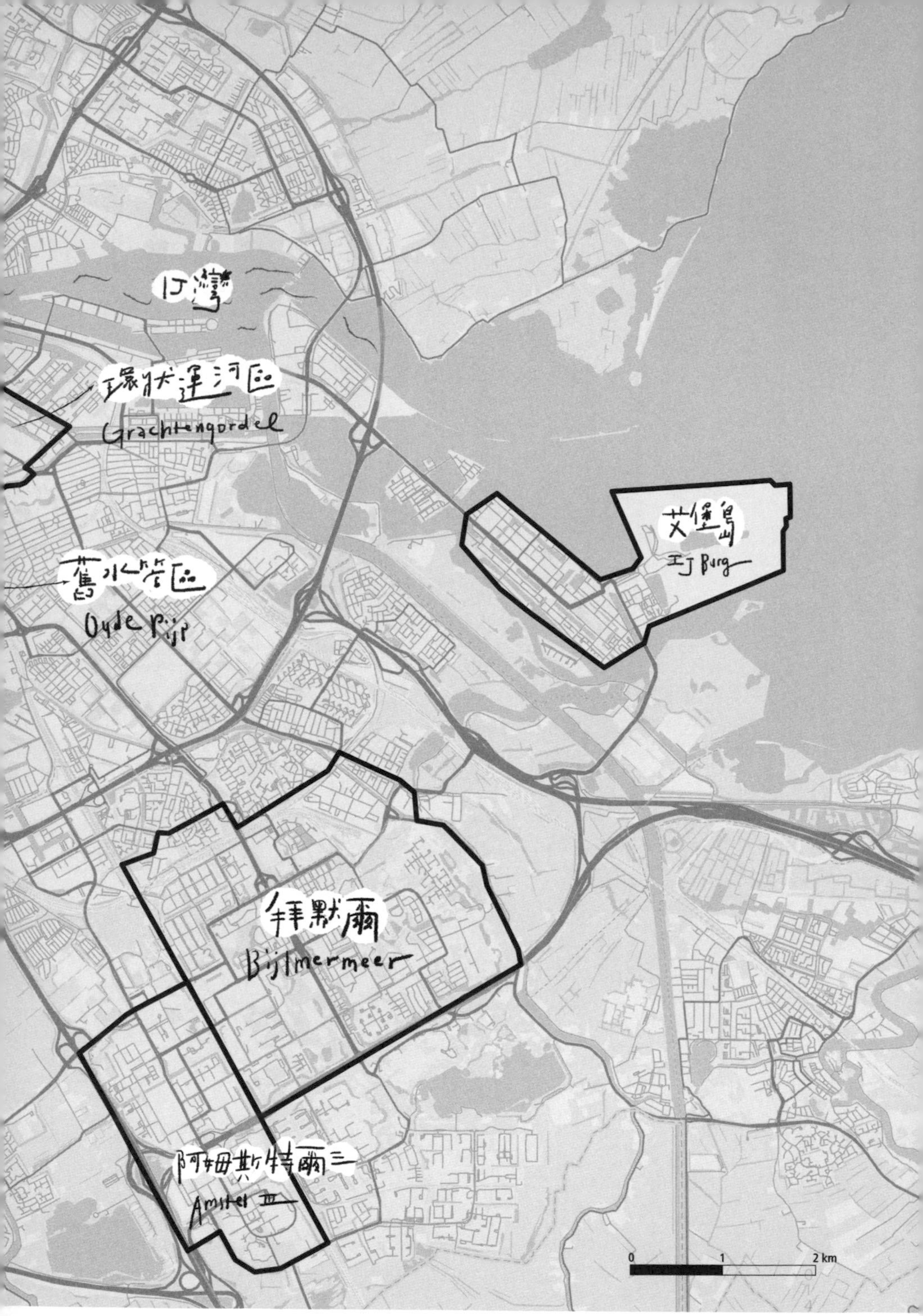

image by ENTSO-E

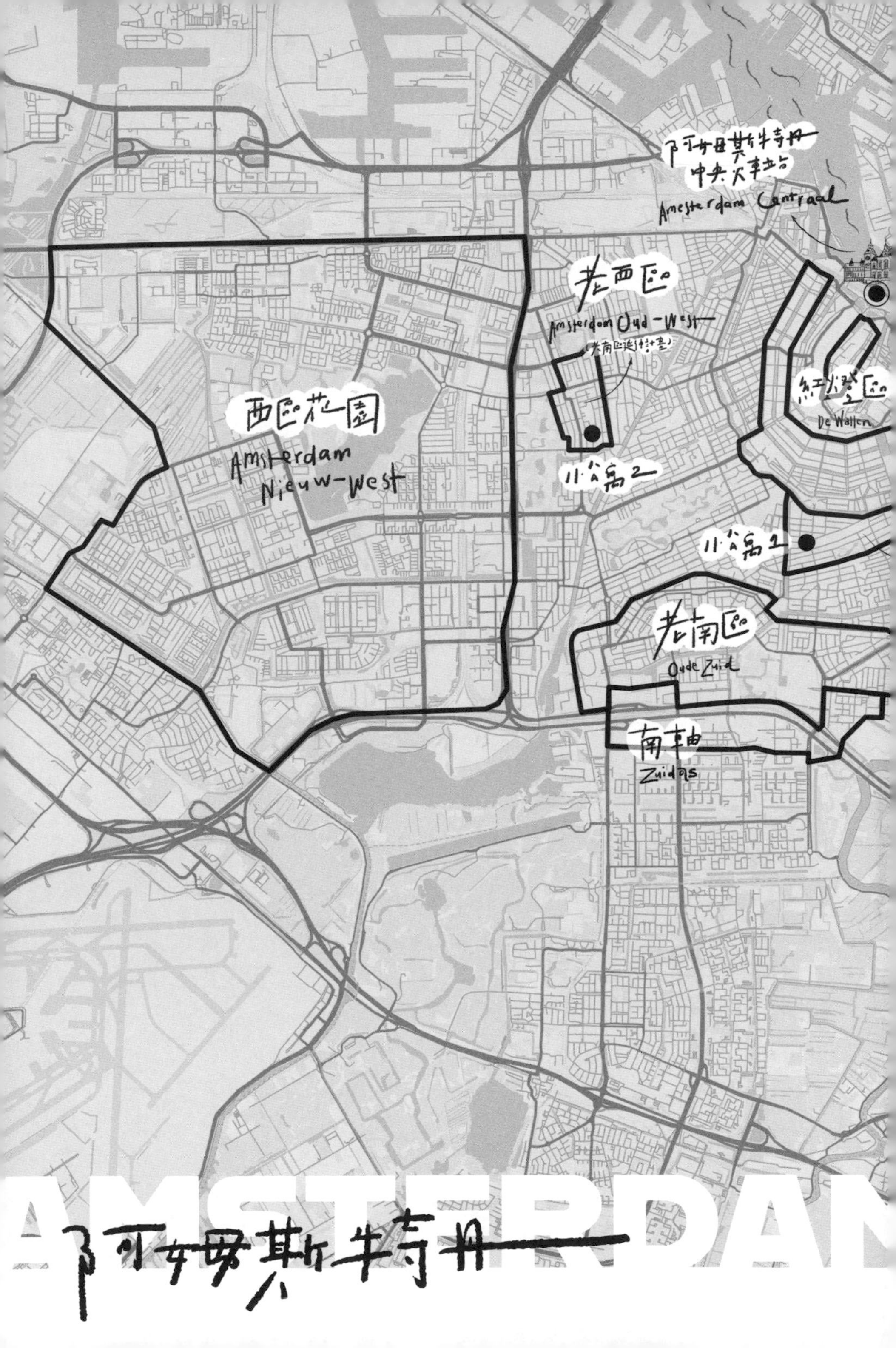
阿姆斯特丹中央火車站
Amsterdam Centraal
老西區
Amsterdam Oud-West
(老南區延伸計畫)
西區花園
Amsterdam Nieuw-West
紅燈區
De Wallen
小公寓2
小公寓1
老南區
Oude Zuid
南軸
Zuidas
AMSTERDAM
阿姆斯特丹

我在荷蘭當都更說客

016

第一部

住的實驗

"人不能活在鬼扯之中!"
楊·謝弗
Jan Schaefer
White Bicycle Plan
舊水管區
Oude Pijp
阿爾伯特市場
Albert Cuypmarkt
費迪南·博爾街
Ferdinand Bolstraat
DE DAGERAAD
黎明公寓
Dageraad Complex
河岸街區
Rivierenbuurt
Aldo van Eyck

Paradiso
Heineken
HEINEKEN BROUWERIJ
海尼根博物館
"沒有人比家庭主婦建築師更適合設計住宅了！"
瑪格麗特・斯塔爾-克羅普霍爾勒
Margaret Staal-Kropholler
阿波羅蘭
Apollolaan
密涅瓦蘭
Minervalaan
老南區
Amsterdam Oude Zuid

租客的人權

翻轉床

從鹿特丹（Rotterdam）的貝拉格建築學院（Berlage Institute）畢業之後，我搬到阿姆斯特丹（Amsterdam），住在舊水管區（荷：Oud Pijp／英：Old Pijp）①一戶大約八坪大小的小套房裡。舊水管區是阿姆斯特丹著名的酒吧區。從阿姆斯特丹中央火車站搭乘電車，穿過十七世紀環狀運河區之後，看到海尼根博物館（Heineken Museum），就到了舊水管區。世界盃足球賽季的夏天夜晚，我常常因為街上的喧鬧歡呼聲穿透過僅有單片玻璃厚的木窗而被吵得睡不著覺。舊水管區有一條全阿姆斯特丹最大的市街——阿爾伯特市場（荷：Albert Cuypmarkt／英：Albert Cuyp Market）②，而我居住的街道——戈弗特．弗林克街（Govert

1　本書所附原文以荷文為主，若為其他語文則另外標示。

2　位於阿姆斯特丹舊水管區的地方市場，以荷蘭畫家阿爾伯特命名。除了週日之外每天都有營業，販售生鮮海產、肉類、蔬果、鮮花、起司、藥妝、衣物等日常用品。

Flinckstraat）就位於阿爾伯特市場街道的隔壁；這條街上的住宅一樓常常作為市場街的倉庫，存放著市場的攤車。清晨五點就開始會有攤車進進出出，攤車壓在街道的石頭鋪磚上會發出轟隆轟隆的聲音，也會把我從清晨模糊的夢中吵醒。在這棟破舊的小房子裡，只要任何一個住戶被按電鈴，其他住戶也都聽得到。自十九世紀末，這一區就居住著大批的工人階層居民，一家四口就擠在我所處的小公寓裡居住著。當時，連同我在內，這棟房子總共住著六個人，每層樓兩個小公寓各住一個人，分前後間的套房。由於隔間的施工非常簡略，只有薄薄的木製三明治版輕隔間，除了視覺上看不到對方外，從聽覺上都知道彼此早上什麼時候出門，晚上多晚回家，甚至對面住戶沖馬桶的聲音都聽得到。

從這棟建築物的隔音效能可以感覺出這裡以前曾經是一個建築品質很差的勞工住宅區。現在住在這裡的居民中，有四成以上是非西方國家居民，此區擁有大量的社會住宅及社會租金住宅，混合著住在高級雅痞小公寓的年輕歐洲青年學生及社會新鮮人。街上雖然很多新潮的酒吧、餐廳及設計師工作室，但也參雜著少數族裔特色商店、洗衣店、五金行及腳踏車店。

「嗶——————」海恩．德漢（Hein de Haan）按了我家樓下的電鈴，「如雷貫耳」。

自從去年我邀請海恩來我家參加我的生日派對後，他就跟我提過幾次他的大女兒以前也住在舊水管區，因為公寓一樣是小小的，放一張床就幾乎半滿了，所以他特別製作過一張翻轉床。白天不需要床的時候，將床往牆壁輕輕一抬，就可以增加活動空間。他大女兒結婚後，這張床就收進他的儲藏室，很多年沒動過了。我入住這棟小房子後，的確苦惱了三年，老想著怎樣騰出更大的空間可以讓自己活動或是工作，後來終於忍不住催促海恩，希望他把他說的翻轉床盡快給我。

聽到電鈴聲後，我連忙下樓幫忙搬運這張翻轉床。這棟十九世紀興建的工人住宅公寓，就像很多經濟實惠的荷蘭住宅一樣，為了節省樓梯所占的樓地板面積，樓梯斜度大約是五十度，走起來非常危險。早年為了將這張雙人尺寸的翻轉床搬上舊水管區的小套房，海恩將床架設計成可以完全分解的系統，床板的鋁製外框可以拆分成兩個部分——上下兩個ㄇ形，組裝起來就成為一個口形，鋁製外框是中空的，可以減少重量，盡量讓使用者翻轉時可以感到輕鬆。為了讓兩個ㄇ形的鋁框可以結合，海恩在鋁製外框中間插了一支木棍，這樣一來，上下兩個ㄇ形的鋁框就可以互相套入。為了將鋁製外框套進木棍，安裝者需要用錘頭敲打。因為這張床已經拆拆裝裝過幾次了，所以敲打處可以看出鋁製外框已經有些變形。床架安裝好後，我跟海恩下樓將綁在他的中古廂型車車頂上的雙人床墊取下，準備再次費勁地把床墊「擠」進狹小的樓梯間上三樓。這時隔壁棟的鄰居剛好走出，向我們多望了一眼。海恩向我眨眨眼，笑說：「我想路上的人看到一位白髮老翁和一個年輕東方女孩一起抬一張雙人床墊上樓，一定會有很多遐想。」

天上掉下來的錢

記得入住舊水管區後的某一天，一名政府派來的調查員來到我家說要看看我租用房子的情況。這位調查員到處看過後，慢條斯理地拿出一張這棟房子老舊泛黃的建築平面圖，問道：

「你這房子每個月租金是多少？」

「六百七十歐元。」

「嗯，果然不出我所料，你繳太多錢給你的房東了。」他口氣平穩地說。

「我從來沒有見過我的房東，每個月我都用銀行轉帳給房屋仲介。」

「你的房屋仲介是阿姆斯特丹著名的黑心仲介，專門找外國人下手。以你家的大小跟老舊程度來評估，你要繳的租金不應該超過四百歐元。」

「怎麼可能！那我現在應該怎麼辦？」

調查員讓我別急，給了我一個地址跟電話，說我可以去這個部門找人詢問接下來要如何處理。

隔天一早，我馬上去了這個離我家兩條街的鄰里中心（Wijk Centrum）詢問。在等待叫號時，有很多中東移民、老人……也在等候專人幫他們處理房屋相關的問題。等候區有幾張有點舊但保養得宜的木頭椅子，茶几桌上整齊排列著幾疊移民荷蘭及融入荷蘭社會的手冊。布告欄上則零散的釘著一些老人照顧服務或是街區BBQ的活動訊息。鄰里中心的職員似乎心情都不錯，手拿著沖泡咖啡和資料夾走來走去，遇到同事還會發出簡短的「呦呼」一聲打招呼。接待我的是一位叫作尚特爾（Chantal）的女士，身形微胖的她，綁著長馬尾、穿著T-Shirt跟牛仔褲，說話慢條斯理，很親切的跟我解釋荷蘭的租屋系統。

原來，在荷蘭有三種出租類型的房子：

第一種就是所謂的社會住宅（荷：Sociale Wonen／英：Social Housing）。在二十世紀初開始成立，房租低廉，由政府定價並評選租客，以確保中低收入戶有房子可以住。

第二種是所謂的自由市場住宅（荷：Vrije Markt Woningen／英：Free Market Housing），也就是類似臺灣一般的租屋模式，房東可以自由調漲月租，租得出去即可。

第三種，即我住的這一種，叫作社會租金住宅（荷：Sociale Huur／英：Social Rent

Housing），房東可以自由出租給想租的人，但是租金必須要依政府規定控制在一定範圍內。這是在一九六〇年代後，因為占屋運動及舊水管區的街頭抗爭引發而創設的系統。

一般來說，房子越小、越舊，就必須租得便宜些。為此，政府設計了一個評鑑系統以決定租金的最高價格，以此類推分級。而我的仲介，看準了身為外國人的我不知道這種規定，一開始便用自由市場住宅的昂貴價格將房子租給我。尚特爾又說，我有權提告仲介及房東，並要求賠償。但是由於這過程比較耗時費神，所以她建議我不如私下跟仲介和解，要求降低租金以及合理的賠償；而政府，可以幫忙發一封警告信給仲介公司，表示政府已經知道這件事了。

接下來的日子，我按照尚特爾的建議跟仲介聯絡。房仲公司派了一名高大的紅髮女子到我家，那回我有點緊張，不知道他們會有什麼反應，會不會覺得我跟他們租房還反咬他們一口？沒想到紅髮女子進到我家後，把手上的紙本資料夾往我的餐桌大力一放，接著就往廚房流理臺一靠，雙手在胸前交叉，說：

「OK，所以妳想要怎麼樣？」

「啥？我想要怎麼樣！這句話是什麼意思？」我有點驚訝。

她有點不耐煩，但好像又突然想到，她有對我這個外國人解釋的義務，於是說：

「妳覺得妳因為過去幾年的損失應該得到多少補償？」（英：How much do you want to compensate your loss of the rent from the last few years ?)

我聽著就更驚訝了，心想：「啥？我覺得我可以得到多少補償？」因為沒有想到會被問這樣的問題，大概有數十秒沒有搭話。紅髮女子看我的樣子顯然並不清楚會被這樣問，於是她就開價了。她說：

「不然這樣吧，我們會賠給你兩千五百歐元，妳不接受的話可能比較麻煩喔！不接受的話我們老闆可能會跟妳鬧進法院。」

雖然後來想想當時不接受應該也不會怎樣，況且進法院應該也會受到鄰里中心的保護，但當時有點嚇壞了，想想兩千五百歐元好像很不錯！於是就答應了。紅髮女子似乎很滿意我的答覆，感覺她當時心裡想的是：「太好了！今天很快，可以提早下班了！」後來，真的如尚特爾所說的一樣，除了補償金外，我的租金也降到了每月四百歐元，這對我來說，真是天上掉下來的一筆錢！沒想到，身為一個外國租客也可以受到荷蘭政府的庇護，當時真的連作夢也沒想過呢！

事情過後的某一天，我在家旁邊的蘇利南人餐廳吃簡餐時，看到綁馬尾的尚特爾就坐在我旁邊吃著一碗五歐元的雞湯麵。我很高興的站起來表達我的禮貌，跟她打招呼。我感謝她，由於她的協助我的租金降價了！這位女士很有耐心的聽我滔滔不絕講到一個段落，微笑著跟我說：我想你把我誤認成我姊姊了，我們是孿生姊妹，我姊姊在舊水管區的鄰里中心服務，而我在流浪漢之家服務。不過沒關係，很多人也常常認錯我們兩人，找我們向對方道謝呢！（笑）

二房東不好當

我在舊水管區住的那棟房子，有點類似臺灣的透天厝：樓下一間店鋪，房子中間一個樓梯上去，每層前後各一個房間。不同的是，我們的房子裡，樓下店鋪旁邊有另一個朝街道開的門，進入後，有一座樓梯通往樓上的房間，每一個房間皆是一個獨立的套房單元（荷：Studio Huis／英：Studio House）。房子樓上共三層，屋子前後各一個套房單元，一共住著六個住戶。由於我們租的房子屬於社會租金住宅（荷：Sociale Huur／英：Social Rent Housing），房子較舊且小，所以租金較一般市場價格來說相對低廉。住我二樓單元對面的是一位年輕的荷蘭女孩漢娜（Hannah），漢娜在一家工程顧問公司當祕書。在我住在這房子的那幾年之中，她老是說想搬家，不過一直嫌其他房子太貴，後來就改口說如果哪天找到更高薪的工作或是結婚去了再搬家吧。

一般來說，很多房子的買賣租賃等相關事宜多是委由房仲業者、房屋仲介或是房屋代管公司，負責打點房子的租客、維修、收取租金，當有租客要搬走時，也會幫忙找到新的租客。我在舊水管區小套房居住的那十年之中，從來沒有見過我的房東或是真正擁有這棟房子的人，所以我們都把管理我們房子的房屋管理公司叫作「房東公司」（荷：landheer／英：landlord）。

有一回，房東公司帶了一位買家來看我們住的房子，請我和我樓上樓下的鄰居打開門讓這名買家看看房子的狀況。那時，我很緊張的問漢娜：「如果買家要買我們這棟房子的話，我們是不是都得搬家？」穿著浴袍的漢娜說：「安啦！如果買家要買，也得接受我們這些租客繼續住在裡面。」我說：「真的嗎？他不能把我們趕走嗎？」漢娜輕鬆的說：「他會幫我們找房子，但如果我們看來看去都不滿意，他也不能怎樣，因為我們有永久居住權！」後來，這名買家雖然沒有向房東購買我們住的房子，我卻對我擁有永久居住權這件事感到不可思議。原來，在阿姆斯特丹，若是在一間合法租來的「社會租金住宅」房子裡居住一年以上，就自動擁有永久居住權。也就是說，如果租客都有按時繳房租，且沒有要搬走的意思，一般的情形下，房東是沒有權力把租客趕走的。就算房子賣給了新東家，新東家也必須「接納」原有的租客。如果新東家想重新改造房子或拆掉重建，也必須先將租客安置到租客屬意的新居。

記得住在舊水管區的那幾年中，有一陣子常常回臺灣進行城市研究工作或探望家人，短則數週，長則數月。由於在離開荷蘭的期間，我承租的房子還是必須繳交房租，幾次之後，漸漸覺得划不來，就有了想當二房東的念頭。去市政府詢問後，才知道原來在荷蘭，自己當二房東把房子租出去的話是違法的，理由是在沒有簽約的保障下，二房東可以將房子以比原房租更高的租金出租獲利。這樣一來，就沒有保障二手租客的人權了。不過，在仔細研讀了向市政府官員要來的相關資料之後，我發現此法不是不能變通。原來，在某些「特殊」情形下，租客是可以當上二房東的。第一種情形是租客要去國外念書或工作，房子空了下來，就可以把房子租給認識的朋友。第二種情形是，如果租客剛認識了一個外國男朋友或女朋友，想去他／她的國家試試看一起生活，但又有點不太確定，不想武斷放棄自己的房子，這樣的話，也可以合法將房子再租出去。不過，這種狀況下的出租，荷蘭政府說不能超過一年喔！第三種情形是，出國或返鄉照顧生病的親友，不限期。第四種情形，外來移民者回母國重新適應根源社會（荷：Re-Migratie／英：Re-Migration），限期一年。而最後一種情形，也很出乎意料，竟然是監禁於國外！哈哈，當然，在這種情形下，人權至上的荷蘭國，對這種租客將房子再租出去的期限，也是不限期！

房東也無奈

與房東公司的日常互動，除了每月固定匯款交房租外，並沒有什麼太大的事情。但有一回發生了一件回想起來很有趣的事。某天我收到一封信，是用荷蘭文寫的，是從一個註冊律師事務所所發出的正式信件。其內容大致如下：

我們接獲通報，有人目擊到妳的住處有外人規律進出，我們強烈懷疑妳將房子非法分租，限定你三個月內搬離此住處，否則我們將請法院強制驅逐妳離開。

那天收到信後，我心情超級差，身為一個外國人，如果連棲身之所都沒有了，還能去哪裡呢？為此，連續兩三個晚上都睡不好，因為剛好遇到週末，所以也求救無門。到了週一，本來起個大早想去鄰里中心詢問，沒想到鄰居漢娜一大早就來敲門，問我有沒有收到信。我說「你是指一封懷疑我非法分租的信嗎？」她說對啊，我說有耶，正在想要怎麼辦，沒想到她說——她也收到了。

漢娜接著說：「喔！我超不爽的，週末就已經打電話過去房東公司大罵了！」

「啥？你已經打電話過去大罵了？」

「對啊，他們根本就是在恐嚇我們，想把我們趕出去罷了！那個什麼律師事務所，我懷疑根本是偽造文書，然後他們竟然還繼續恐嚇說要告我！」

之後我才知道，因為漢娜跟房東公司鬧翻了，所以想聯合我一起壯大聲勢，共同向房東公司抗衡。我跑去鄰里中心詢問，那邊的志工跟我說：「如果你沒有非法分租，那你就不用擔心，因為他們並不能怎樣。就那封信的內容，他們也只說是懷疑，所以也不能認定妳違法啊。」志工建議我就回覆一封傳真說我收到信了，但是他們說的並非事實就可以了。鄰里中心說這封信寫得很狡猾，如果我開始解釋任何事情，譬如我哪個月不在，但是並沒有非法分租等等，他們就可以掌握更多的細節去誣告我。鄰里中心也告訴我，其實管理我們這棟樓的「房東公司」，是阿姆斯特丹著名的「黑心仲介」、「黑心房屋管理公司」，常常恐嚇社會租金住宅的租客，希望能回收一些低價出租的住房，然後再以違法的高額租金放到市場上，向不懂荷蘭法律的外國人收租。

過了幾天，漢娜回來時跑來敲我的房門，她說她打聽到那家律師事務所了，說是一位摩洛哥女士開的。她的公司同事還有朋友的朋友都聽過這位摩洛哥裔的女律師，說年紀還不到三十歲，出入都開名車、手拿Prada包包。漢娜說她懷疑我們的房東公司跟這位女律師一定是掛鉤搞一些不正當的勾當。她還說她在報紙上讀過，我們房東公司的老闆，有一次因為派員工到處發恐嚇信，被人在媒體上公開，他竟然還親自去每一棟房屋的信箱，想辦法把之前派發的恐嚇信從信箱裡抽出來！

漢娜說：「阿姆斯特丹的租屋市場非常蓬勃，像我們這種靠社會租金住宅租屋的人算是黑心房屋公司的眼中釘，總是會想盡各種辦法攆我們走，這種時候可千萬不能認輸啊！」

資本主義的狗

我在舊水管區居住的第十年，剛好是阿姆斯特丹房地產市場在經歷過二〇〇八年金融風暴的蕭條後，於二〇一五年迎來了復甦之際。房東公司派了一位名叫法蘭斯（Frans）的中年男子來和我們接觸。法蘭斯先是寄了一封很友善的email給我，說他叫法蘭斯，如果可能，希望和我聊聊未來的居住計畫，並說如果我想住到更好的住房，有更大的房子，他願意協助我尋找，也可以提供一筆「搬遷費」。當時住對面的聰明漢娜，因為在金融危機時已經趁房地產低迷的時機買了她自己的房子，所以已經搬離我們的小套房公寓了。於是我問樓下的新鄰居，女大學生妮可（Nico），她說她沒有收到這封信。

我和法蘭斯約在街角的咖啡廳，他走進來態度非常友善，並且問我住在舊水管區這麼多年難道不膩嗎？舊水管區的房子這麼破舊，他為我感到有些可惜。我跟他說若搬到別的地方，現在房租都將近一千歐元起跳。他說他明白，但是他們可以補助我讓我離開，我說我會想想，並問他願意提供多少錢？他快速地說：「六千歐元」。

不知道是不是因為住在阿姆斯特丹這麼多年的磨練及對荷蘭法律的些許認識，我的社會主義膽子居然大了起來，我稍微強硬地說：「我會考慮一下，雖然聽起來有點少。」

回家後，我打給我在阿姆斯特丹有多年租屋經驗的藝術家朋友老悟（Roel），問他有沒有遇過這樣的狀況。他說他朋友有跟房東公司協調過，最後要了三萬歐元。「這麼多！」我忍不住驚呼。他說這是因為他朋友的房子是房屋公司打算收回改建為商業大樓，所以三萬歐元對這些土地擁有者來說並不算什麼。

老悟建議我跟房屋公司索求兩萬歐元。老悟狡猾地說：「就從兩萬歐元開始談吧！」（英：Start with 20,000 euros !）剛掛掉老悟的電話，急著用錢的妮可就打來問我，所以房東公司開價多少？我說六千歐元，但我朋友老悟建議我可以要更多。她不可思議地問：「更多是多少？」「好像是兩萬歐元。」妮可不可置信地倒吸一口氣，靜靜地掛掉電話。

過了幾天，法蘭斯又來聯繫我，於是我們又約了一次在同樣的街角咖啡廳。他希望我再考慮一下，因為他是一個獨立工作者，只有成功說服我，才可以跟房屋公司要到他的服務費用。

我問他：「所以你是專門做這行的嗎？專門來說服租客搬走？」

他默默地喝了一口咖啡後抿了一下嘴：「嗯，是的，我同時幫好幾家房屋公司工作，只要我能說服他們的租客搬走，他們就會付我報酬，因為他們不太想做這種工作……你知道……有時會碰到很憤怒的租客，說我是資本主義的狗……什麼難聽的話都有……你知道……這種狀況真會讓人很不愉快。」

他又喝了一口咖啡，接著說：「但是我也有我的原則，我不希望有人最後睡在街頭，我不會讓這種狀況發生的，我一向希望房東公司跟租客可以達到雙方都滿意的搬遷條件。」

後來我又去了鄰里中心詢問，接應的小伙子直接問我說：「他們有承諾要給你多少錢嗎？」我說：「六千歐元。」他接著說：「聽起來有點少，不如就多要一點吧，妳走了之後，他們進行房屋整修或重建，可以賺到很多錢的，要個一、兩萬對他們來說也是小錢而已。」我點點頭，告訴他我朋友也是這樣認為。

小伙子幽幽地、有點不甘心地接著說：

其實我不太鼓勵租客搬走，搬走之後我們水管區只會變得越來越貴，以後妳也找不到這種便宜的租金房屋了，妳確定要走嗎？在阿姆斯特丹其他地方可是越來越貴的喔！

他說現在政府越來越右傾，房子要符合社會租金住宅的評鑑點數資格也越來越嚴格了。以前很多舊房子，現在經過翻修，房東都可以將它變成自由市場住宅，代表房東可以自由地決定房子的租金價格，像我現在住的房子在我搬走後，肯定就不會再是社會租金住宅了，而是變成租金一千歐元以上的自由市場住宅了。

阿姆斯特丹在經歷過二〇〇八年金融危機的震撼教育之後，對於社會住宅在整體社會的支出特別的小心，在租金控制住宅的調配上也降低了標準，並且向較多的私人屋主靠攏。

不過，由於阿姆斯特丹長期左傾的社會風氣，讓主流社會對於租金上漲還是感到很不齒，這使得地產商們總想要避免和租客直接溝通，因而聘請中介人士來做租客搬遷的溝通。不過中介人士通常都會認同租客的處境，並且用自己同樣弱勢的處境來博得同情，變成一種「弱弱相助」的模式，這也是蠻奇特的一個現象。

我後來寫信給法蘭斯，說我希望能得到兩萬歐元，這樣來回了好幾次，再加上討價還價，最後他說房東公司同意付給我一萬八千歐元讓我搬走。

交屋那天妮可說要上來看看，我還請她幫我偷偷拍照跟錄影，證明我交屋及簽約後房東公司會依承諾付給我協議的搬遷費。當天有兩個男人到我已經幾乎搬空的家，一位是法蘭斯，另一位是他的業主，就是我們房東公司的小老闆。我有點不放心的問這位穿著像嘻哈歌手的小老闆：「你們會付錢吧？因為我已經為你們都清空了家當！」他跟我保證，錢隔天就會到，他說他們做事是很光明正大的，跟一般的房屋公司不一樣。隔天果然如期收到房東公司的匯款，傍晚收到妮可的簡訊，問我有沒有收到錢，因為他們也開始找妮可談搬遷了。我立刻回了訊息：「有的，確實收到了。」

舊水管區

要了解舊水管區的都市開發歷史，就得先了解在它之前被開發、離市中心更近的環狀運河區（荷：Grachtengordel／英：Amsterdam Canal Ring）的都市設計歷程。一六一〇年，城市木匠亨德里克．雅各布斯（Hendrick Jacobsz Staets）接受了市政府的委託進行城市擴張的規劃，也就是後來著名的環狀運河區城市設計工程。在當時城市設計思維還是以軍事防禦為基礎的框架下，一個利用圓弧形的河道及車道擴張方案生成。利用最少的材料建築城牆以達到最多的城市建設面積，這在當時是一個很經濟實惠又合理的方案。

當時的亨德里克，肩負著解決城市龐大新增人口的壓力，因此以現今的王子運河為界，向城區的這一側將原本的水圳紋理完全抹除，並建設了三條形成同心圓的運河，而其外則依既有的水圳及田埂方向去規劃街道跟街廓建地，用最經濟的方式去開發這個區域。

在環狀運河區上集體創造土地的過程中，阿姆斯特丹人發明了土地的方格切割方式，將土地分割上百、上千塊，盡量平等地分配給各個居民，當時的城市規劃者為了讓每一筆土地都能等價值錢，有時會將街廓斷開，並且設計大面積的開放空間，這樣就可以讓更多筆土地能因為面向公園而漲價，和面對街道的土地享有一樣的地產價值。這樣的規劃方式也被九〇年代成名的景觀規劃公司 West 8 城市規劃與景觀設計事務所③運用在阿姆斯特丹著名的東碼頭區的伯尼奧．斯波倫伯格住宅區（Borneo Sporenburg Masterplan）④。

然而，沒想到一進到十九世紀中葉，由於北美洲小麥生產興盛，嚴重打擊了荷蘭當時農業出口的國際市場，使得國內經濟大幅衰退。頓時，鄉下大量的農人失業了，於是紛紛前往城市打工，阿姆斯特丹的移入人口激增，這讓政府必須從環形運河區再度往外規劃以便使城市得以擴張。當時在環形運河外的舊水管區還是農地，上面有些稀稀落落的農舍及圍籬，很多城市規劃師都曾經針對舊水管區提出雄心勃勃、富麗堂皇的城市擴張藍圖。譬如十九世紀的荷蘭思想先驅薩穆埃爾．薩法蒂（Samuel Sarphati），他曾在一八五〇年左右參觀了倫敦的水晶宮（英：Crystal Palace）並且大受影響。在那個沒有網路的年代，所有關於技術、科學、貿易及藝術等種種最新的世界資訊，都可以在水晶宮的世界博覽會中看到。薩法蒂回到阿姆斯特丹後，本來決定在舊水管區的東面，沿著阿姆斯特爾河（Amstel）河岸區域也要來興建一個跟水晶宮類似的大型玻璃建築以作為世界的貿易中心，卻因籌措不出興建的資金，以至於這樣的想法沒能實現。

當時阿姆斯特丹剛經歷了第二次工業革命的洗禮，古典時期的都市規劃和蓋房子的技術都被重新檢討，但為了回應大量鄉下湧進的人口，卻又必須用最快的速度蓋出急需的住屋。然而因為十七、十八世紀所建的環狀運河區太成功，除了讓掌權者與規劃者很難從這種自滿狀態中抽離出來外，三條環狀運河也將舊城區封閉得太好，因此很難跨出這三條運河去良好銜接新生的城市街區。換句話說，十九世紀間整個阿姆斯特丹的規劃師跟掌權者們，都在努力不懈地擺脫十七、十八世紀延續而來的都市規劃思維，但不濟的是相應的工程技術還沒來得及發展成熟，以至於不足以應付大量湧入阿姆斯特丹的新移民。目前所見的舊水管街區，就是在這樣混亂的政治氛圍跟規劃狀態下被草草建設出來。

曾經負責規劃舊水管區的公共建設局局長楊・卡爾夫（Jan Kalff），提出尊重原有農

---

3 West 8 是由阿德里安・荷茲（Adriaan Geuze）於一九八七年在荷蘭鹿特丹創立的城市規劃和景觀建築公司。它以其具現代性跟大膽的景觀設計風格及城市規劃作品聞名。筆者曾於就讀研究所時期在 West 8 事務所實習並參與城市規劃的設計工作。

4 「伯尼奧」和「斯波倫伯格」分別是阿姆斯特丹的兩個十九世紀遺留下來的港口碼頭，位於阿姆斯特丹市中心北側偏東。一九九三至二〇〇〇年之間，由 West 8 景觀及都市設計事務所規劃並將其轉型為住宅區，大約有兩千五百戶低層住宅及少量的高層住宅在區內，居住密度在歐洲來說算是相當高。

地分割方向的規劃策略以建設城市，並建議把排水溝跟河道直接改造成街道，這樣就不需要把所有農地購買整合後再重新分割出售，而且可以一邊收購一邊建設，較有利於街廓的快速開發。於是大約在一八七七到一九二〇年的四十餘年期間，阿姆斯特丹就有數百間小型建設公司在舊水管區蓋房子，進而共有約十萬戶住宅在卡爾夫的構想下帶領落實。原先既有水圳的走向順勢變成了人及車通行的街道，依傍水圳所分割出的農地則被夯實成了蓋房子的建地。在這樣快速且供不應求的開發模式下，舊水管區的街景於是充滿了密密麻麻的房子，不像阿姆斯特丹其他街區有著許多的綠地、公園及開放式廣場。

同時間，一位名為威廉．特魯布（Willem Treub）的市議員，則發展了一套土地租賃的制度，讓農地被徵收填成建地後不再賣出，而是用租賃的形式出租給私人使用，使得政府可以更加控制自身體制的財務支出平衡，這是一個混亂年代裡催生的偉大概念，而且從十九世紀創設後至今沒有改變過。也就是讓國家控制住宅的供給跟管制，並且在老百姓買房的貸款上提供利息的退稅。當時的阿姆斯特丹市政府已經意識到，光靠著延續像是十五至十八世紀的老城區賣地建城方式，完全不足以回應暴增的都市人口居住需求，也無法在未來有效管控城市的更新變遷。從而十九世紀末起，為了呼應阿姆斯特丹的城市急速增長需要，一個更加強大的政府機器開始運作。

當舊水管區從農地變成我所居住的這片街區，從小型建設公司紛紛開始為工人階層蓋屋，那個紛亂而有機的時代環境，剛好讓阿姆斯特丹市政府振作起來，讓住宅規劃的相關政策手段與權利協調變成嚴謹的法律條文，並且在後來的二十世紀初奠定了荷蘭社會住宅系統安穩且堅固的基石。

白色自行車

「看！很難想像這條街在一百多年前還是水圳吧！」海恩和我路過阿爾伯特市場時指著街市說。在經過我居住的戈弗特・弗林克街隔壁的荷拉德・道斯街（Gerard Doustraat）時，他又指著街道上的沙坑兒童廣場說：「這雖是一條悠閒、充滿植栽，且以阿姆斯特丹十七世紀黃金時期畫家命名的街道，但以前也不是這樣。以前沒有這麼多孩童的遊戲場跟人行道，這裡可是停滿了車，街道品質非常差！」

雖然現在任何人提到阿姆斯特丹時，心中都會油然而生一個騎自行車經過運河或風車的畫面，彷彿阿姆斯特丹自古以來就是一個單車城市，其實並不然。阿姆斯特丹

雖然從古至今都有一定的自行車人口，但是大量的自行車道推廣跟車道運輸系統的配合調整建置，再進而形成全民皆瘋自行車的生活型態，背後卻有一段不容易的歷程。

富裕的阿姆斯特丹在一九六〇至一九八〇年代受到美國文化的影響，有很多受現代主義（英：Modernism）思維培養出來的建築師及規劃者，開始使用車行導向的城市建設跟規劃方法來重新設計城市的交通系統。他們偏好使用高架道路及地下道立體連通各種道路，以方便車子能更快速到達城市的各個角落。因為這些建設讓城市中的車輛越來越多。一九七一年，根據當年居高不下的車禍死亡統計資料，在喪生的三千三百人中，有四百人為未成年的孩童。急馳而過的車輛逐漸讓人民恐懼，許多學童的家長也開始懷疑車行導向的城市是否適合他們在此養育小孩，並且開始組織越來越有規模的抗爭活動。其中最有影響力的分別為路德・希梅爾彭寧（Luud Schimmelpenninck）所帶領的「白色自行車運動」（英：White Bicycle Plan）及街頭運動者瑪耶・范・普頓（Maartje van Putten）所帶領的「停止謀殺兒童運動」（Stop de Kindermoord）。

「白色自行車運動」是工業設計師希梅爾彭寧帶領的青年不合作組織（Provo Group）中的一個項目，在當時二戰後全球反戰思潮的社會氛圍下，「白色自行車運動」在阿姆斯特丹取得了頗為廣大的話語權。他們認為城市中心不應該讓車子行走，而是應該鼓勵人們更廣泛地使用大眾運輸工具。計程車依然可以進入市中心，但是行車速限必須要在時速四十公里以下。

「白色自行車運動」當時還提出全世界第一個共享自行車的系統性概念：他們認為市政府應該每年都購入兩萬臺自行車，並且讓全阿姆斯特丹市民使用。這樣的提案雖然被當時的市政府拒絕了，但是青年不合作組織還是執行了這個構想，他們找來了五十臺自行車，將它們漆成了白色，並讓它們隨意擺放在城市內供市民使用。因為當時的法律規定自行車一定要上鎖，不能停放在路邊，青年不合作運動在這個共享的過程中還跟警察發生過數次衝突。到了二十一世紀，共享自行車在全球城市已廣泛使用，但少有人知道共享自行車的構想，其實是源自於「白色自行車運動」，只不過約莫再過了二、三十年，才被政治人物重視。

「停止謀殺兒童運動」則由街區住民普頓發起，她因目睹街區車行氾濫的交通現狀，於是發起了這個運動。她曾在媒體上說「我非常擔心兒子的安危」。後來參與她組織的抗爭運動的民眾越來越多，她們發起「無車日」及「街頭餐會」，目標是讓孩子可以回到街上去玩耍。

這樣的持續行動，讓後來很多她們舉辦過聚會的街道變成了「生活型街道」（荷：Woonerf／英：Living street）。「生活型街道」標榜車輛進入街道後減速，在街道上增加更多綠化的面積及共享式的鄰里街坊活動使用，後來也影響了英、美及日本的社區街道規劃。而這樣的街道規劃手法最早在阿姆斯特丹出現，就是出現在我居住的舊水管區的「街區環境改造計畫」之中。

如果在谷歌上搜尋「停止謀殺兒童運動」（Stop de Kindermoord）的荷蘭文關鍵字，你會發現一個拍攝於一九七二年舊水管街區的珍貴影片[5]。一開始的片頭，你會看到有別於現今舊水管區到處是自行車及街角公園的都市景觀。那時街區裡到處是汽車，而片中的男孩羅納德．達姆（Ronald Dam）則在街上行走，邊走邊想，越想則越不爽：「為什麼我們越來越不能在街上玩球呢？」他看著鏡頭問。片中記錄了很多當時想安心在街頭玩耍的兒童請求家長及住民加入「停止謀殺兒童運動」的聯署，也能看到第一代「生活型街道」的街道設計及車輛改道的討論。最後影片則停留在孩童詢問老師們政府什麼時候會回應時的天真臉龐，相當觸動人心。

一九七三年，石油危機帶來了契機。由於中東國家停止販售石油到英美系國家及

5 https://bicycledutch.wordpress.com/2013/12/12/amsterdam-children-fighting-cars-in-1972/

荷蘭，引發汽油價格的暴漲，促使阿姆斯特丹人開始認真思考能源枯竭可能帶來的潛在問題，並開始更大規模的推廣自行車道的鋪設及相關規劃，連當時的荷蘭首相都在電視上推廣自行車為核心的生活方式。而阿姆斯特丹自行車騎士協會的人數也逐年增加。一直到今天，他們仍然不懈地在推廣自行車騎乘，並且也一直在監督市政府改善老舊的自行車道或是危險的路口，甚至拓寬自行車道及建設專用自行車地下道等。

由自行車主導的城市樣貌跟機動車輛主導的城市樣貌非常不同，自行車交通環境中的城市建築不需要過多的地下及地面停車場，人們不需要一定要有車輛才能在城市區域間移動，市區街道更接近人行的慢速模式，讓人們及孩童的活動不會因為車子的行駛而中斷或發生衝突。連棟建築的沿街面不需要車庫和拉下的鐵門，而可以是更親切的小店面跟住宅前院。當然更不用說車禍事故機率可以大幅度的降低，解決了很多車輛帶來的城市問題。阿姆斯特丹人在這個城市交通的演化過程中親手創造了他們認為理想的城市生活方式。

「人不能活在鬼扯之中」

自十九世紀末興闢以來，舊水管區一直為工人階層所居住。到了一九六〇年代，因為區內的房子越來越老舊而且施工品質本來就不佳，導致這區的房價及租金相較城市內其他區域低廉，越來越多讀大學的年輕人住了進來，取代過去的工人階層家庭。在一九七〇年代初期，阿姆斯特丹市政府曾宣告：希望將整個舊水管區拆除以進行都市重建，並在費迪南・博爾街（Ferdinand Bolstraat）⑥建設寬闊的林蔭大道。不過在此同時，阿姆斯特丹已經隨著戰後嬰兒潮的這批年輕世代的新思維，從勞工城市轉型為青年城市，居住在此區的阿姆斯特丹大學生及青年族群無法接受權威式的治理，反而比較傾向喜歡自己解決問題。

6　為一條銜接舊水管區與南邊的老南區的城市街道，其上面有幾條重要的輕軌電車經過。以十九世紀的荷蘭藝術家費迪南・博爾命名。

他們開始反對政府的全面重建計畫。雖然當時政府已經在阿姆斯特丹西邊的「西區花園城市」⑦興建很多新的住宅單位，但是戶型多以家庭為單元進行規劃，地點又在郊區，不太適合愛好自由的年輕人。反而是像舊水管區這樣的房子——戶型都窄窄小小的，剛好適合學生或單身人士居住。另外，年輕人很喜歡舊水管區這邊商店、餐廳、酒吧都很集中的特色，只要透過步行就可以取得各類日常生活所需。雖然舊水管區的房子都已經開始破敗，但是剛好符合二戰後那種ＤＩＹ（英：Do it yourself）的社會風氣——入住的人們可以自行改建或裝修房子的內部，讓老屋獲得新生。

一九七〇整個年代，新移民社群如摩洛哥人、土耳其人開始遷入，他們在阿爾伯特市場搭起自己的攤位，並帶入自己的社福組織跟社區活動。某種程度上，他們的自我封閉性跟對自己所屬街區的依附性，對舊水管區的街區發展來說是好事，因為他們建立了新的社群結構，讓社區整體意見的開發走向分化，迫使政府官員必須停下來，先針對社區內不同族群的問題進行討論或提出解決方案。這樣的阻礙推遲了原本全面重建的計畫。而這種新移民之間的文化向心力，對原本就居住在舊水管區、愛好自由的阿姆斯特丹大學生族群來說，好像並沒有引起太多的糾紛，兩種族群竟能和平共存。

不過，到了一九八〇年代，許多房子開始更加衰敗，部分建築的外觀更加老舊，因為十九世紀房子蓋的倉促，建築需要更具規模的重建，不是單純室內裝修就可以解決所有問題（譬如：漏水、崩塌等危險），舊水管區就成為等候大規模都市重建的地方。但就跟臺灣一樣，礙於使用權分散，街區內又多老人、多種族新移民在住，加上阿姆斯特丹舊街區多數有尊重歷史的樓高限制，對建設公司來說都市重建的容積回饋也不大，因而這種大規模、全面剷平式的都市重建計畫往往窒礙難行。

此時，前議員及社區規劃師楊．謝佛（Jan Schaefer）提倡了一個有趣的構想：將已經無法使用的舊街屋拆除重建為社會住宅，協助地方老人及弱勢家庭移居過去（大部分人都移到隔壁棟或是隔壁街道新建的社會住宅）；因為移居而空出來的舊街屋則引入建設公司、私募資金協助內部修繕，提升其市場價值，並讓街屋在修建後隨著自由市場漲價（及漲租）。

謝佛利用這樣的循環性，讓內裝改善的街屋迎來了更加富裕的中產階級及年輕專業者入住，讓街區的面貌及公共空間更加乾淨與精緻。而由政府興建的小規模、點狀分布的社會住宅，則保障既有里民及弱勢的居住比例及廉租性，讓大家留在同一個街區，不會因為都市重建就使得過往的社區網絡瓦解。

7　筆者於本書第三部介紹此案。

這個計畫後來執行成功，謝佛還當到荷蘭住宅部的祕書長。現今的舊水管區雖然仕紳化的很嚴重，但是在謝佛當年的政策下，仍保有很多的社會住宅及住在裡頭的中低收入戶。雖然私有市場的房子其內部不斷地更新及翻修，但是因為住宅單元很小的關係，搬入的仍是以學生及單身的外國工作者為主，這些人與當地的中低收入戶也奇妙地維持了共存與共居的關係。

這就是為什麼走在舊水管區的街道上，除了會看到新舊交雜的建築立面外，更可以感受到在其包容下的社會多樣性及街區生命力：開著復古跑車的白人單身貴族正停在路邊講手機、勤奮的土耳其爸爸正準備開張他的烤餅店而香味四溢、宿醉的阿姆斯特丹大學男大學生正透過窗戶玻璃和他的女友揮手道別、二樓的大提琴家正沉浸在練習他新譜的樂曲；當然你也有可能要小心爭執不休的難民夫妻會將東西從窗戶裡丟出來，這些生活點滴都緊密地發生在充滿生命力的街道之中。

二〇〇一年後，阿姆斯特丹有兩條街道用謝佛的名字命名，以表敬重。不過當上祕書長的謝佛，穿著還是跟以前在街區蹲點的時候差不多，很像工人（據說，他年輕的時候還當過蛋糕師傅）。

謝佛的名言是「人不能活在鬼扯之中」（In geouwehoer kun je niet wonen），而這句話也成為後世書寫他的傳記的書名。

租金協調部隊

在我的租金經過鄰里中心的協助而降低的數年後，鄰里中心轉搬遷到新水管區（荷：Nieuwe Pijp／英：New Pijp）⑧的一棟公寓內，且另外增設了新的「租金協調部隊」（Huurteam）辦公室。我從荷蘭搬回臺灣後，在開始寫作這本書時，曾回到新水管區拜訪租金協調部隊。

我將雨傘上的水甩乾，將半溼的外套放在走道的暖氣爐上烘乾，就上樓尋找我要採訪的對象——奧斯卡・弗賴先生（Oscar Vrij）。「Vrij」在荷蘭文的意思就是「自由」，觀察荷蘭人的職業與他們姓氏（通常和祖先所從事的職業相關）的相關性總讓我覺得很有趣。奧斯卡是一位阿姆斯特丹大學畢業的社會地理學家，也是租金協調部隊的領隊。

8 為位於舊水管區南邊於二十世紀初（一九二一—一九二九）之間開發的城市街區，規劃者與老南區一樣為亨德列克・貝拉格（Hendrik Petrus Berlage）建築師，因為鄰接舊水管區，因此命名為新水管區。

外型看來高瘦、有活力，穿著牛仔褲及方格襯衫、戴著細邊框眼鏡的他拉了張辦公椅子在我對面坐下。我向他解釋由於我以前曾在阿姆斯特丹居住多年，想構思一本關於阿姆斯特丹城市規劃與建築思維相關的書籍，而其中很大的動機來自住在阿姆斯特丹的這些年當中，曾經接受過租金協調部隊的協助降租。奧斯卡聽了微微一笑，點點頭，暗示要我接著問問題。我說現在在臺灣，甚至很多亞洲其他國家，都面臨著年輕人找不到合理租金的住房問題，我一直很好奇租金協調部隊的成立背景和歷史。

奧斯卡告訴我，租金協調部隊的歷史可以追溯到上個世紀七〇年代的舊水管區，當時的舊水管區破敗不堪，政府本來的計畫是拆除重建大部分的房子，但是在街區及年輕人的抗爭下，大部分的房子還是被保留了下來，採取改建的方式逐步進行都市重建。而當時，就有相關為了保障租客利益的街區志願者組織。到了一九九六年，這些志願者組織被提升到比較專業的層次，並且在整個阿姆斯特丹市內的不同次分區中都有一個由政府支持的小小團隊。保障租客權益的志願者和地方政治人物總是有著密不可分的關係，租客也占著投票人口的極大部分，所以地方政治人物及政府也願意金援這些租客組織。而水管區（包含舊水管區及新水管區兩個部分）的租客權益組織一直是阿姆斯特丹內向心力最強的民意團體。在水管區的房子，大約有四成的房子為社會租金住宅，三成為住宅法人所擁有的社會住宅，而剩下三成則為自由市場住宅。

奧斯卡扶了一下他的眼鏡，接著說：「阿姆斯特丹的住宅市場除了傳統定義的社會住宅（約占全市的四十八％）外，還有一種叫做社會租金住宅，就是普通的房子，但是受到租金的上限管制。一般來說比較老舊及室內空間比較小的房子就會被政府指定為社會租金住宅。至於租金管制的上限，則有一個被稱為點數系統（荷：puntensysteem／英：point system）的制度來決定。在點數系統內，包含有室內面積大小、有沒有中央暖氣、建築外牆的保暖程度、廚房的大小新舊、廁所的品質、有沒有浴缸、有沒有花園陽臺或是露臺等因素來決定評點。點數越高就代表房子越高級，越不適用於社會租金住宅的租金上限管制。值得注意的是，阿姆斯特丹過往的傳統中，「地段」在這個國家點數制度裡面，並沒有占任何比重（雖然地段是決定自有住宅價格的一個重要因素）。因為除了阿姆斯特丹，荷蘭其他城市也採用這樣的系統，而且社會住宅的比例也在全國房屋市場占很高比例，因此在首都阿姆斯特丹市租屋，不會跟其他城市租屋的租金差異太大。」

截至二〇二〇年，全阿姆斯特丹市大約有四十五個人在租金協調部隊裡工作，包含舊水管區及後來納入的新水管區所隸屬的阿姆斯特丹南行政分區有最多人，共十人。奧斯卡說他希望把隊員控制在一半法律專業人員，以租客法的立場去協助租客協調應該被規範的租金範圍及身為租客的權益；而另一半，則來自占屋者。奧斯卡說：

「與其稱他們為占屋者，不如稱他們為住居激進主義者（英：Housing Activists）。他們的責任是負責發現問題，或是去和政府開協調會，必要時用些串聯性的手段去抗議，或是幫租客爭取他們的權益。」

因為舊水管區的都市重建歷程，住在阿姆斯斯特丹的租客慢慢地意識到自身的權益，也建立起日益堅固的支持體系，去延續這樣的傳統。而且在民主的體制內，地方政治人物必須回應選民的選票，所以青年政治家往往可以引導社會的輿論風向，去保障自身的居住權。這樣的脈絡在其他國家較為少見，也不會發展到這麼極致。尤其對於華人國家來說，對於房地產作為財產權的保障意識更是根深蒂固。對奧斯卡跟舊水管區的住民來說，住房從來不是一種財產權的絕對保障，而是對人應有居住權的絕對保障。

在阿姆斯特丹這三種住宅系統（租金管制住宅、社會住宅、市場住宅）的相互協調之下，這座城市可以更自由地利用住宅的興建及翻新去調控各地區的人口組成配比。在各都市區域的開發及更新過程中，軟性的社會微觀調控可以賦予政府更大的權力，不獨讓市場及資本社會決定城市區域的生與死，而是讓租客更有尊嚴地選擇他們想要居住的城市區，並且不需要時常面臨到迫遷的問題。

在降低租金的法律權益爭取上，一九九四年之後，阿姆斯特丹市政府規範面積小及老舊的房子，若租金低於七百二十歐元，租客可以爭取以點數系統去比對他所租房子的租金可否降低，就像我也曾經因為這套規則把租金降了下來。然而這套規則在二〇一六年開始有了改變，因為政府放寬了評分表點數的難易度，也提升了地價所占評分比的點數影響程度（三十三％）。以舊水管區來說，它的區位非常好，因此就算是很舊、很小的房子，只要房子位於水管區，得到的分數都會被拉高；意即大部分市區老舊的小房子都可以跨越評分點數的門檻，不容易被定義成社會租金住宅。以往阿姆斯特丹的房東多不接受一年以上的租約，因為只要租客在同一個屋子居住十二個月以上，就有永久租用居住權；不過這項政策在二〇一六年後也被改變了。轉為積極擁抱資本市場的阿姆斯特丹，開始可以接受兩年以下的短期租約，而且租客即便住超過兩年，也不會擁有像以前的永久居住權，這種改變等於是比較保障房東的立場。不過奧斯卡說，有賴於他們積極爭取，從二〇二〇年起，只要原租金低於九百三十歐元的房子又可以爭取以點數系統去判定可否降租，成為社會租金住宅。「你們的工作非常有意思，」我對奧斯卡說。他淡淡的一笑，說：「我們只是整個荷蘭居住正義系統的一個很小的環節」。

海恩

環狀運河

搬到阿姆斯特丹之後，我的第一份工作是在阿姆斯特丹當地的建築師事務所 de Architekten Cie ⑨上班，這家公司就位在阿姆斯特丹環形運河中的國王運河上。每個工作天的早晨我都扛著我的折疊腳踏車從我的住家——阿姆斯特丹舊水管區小套房，狼狽又匆忙地出門。在寒冷的阿姆斯特丹冬天，我常常早上睡過頭，出門之後，就算戴著手套，腳踏車握把上的雙手依然是冰冷的。在環形運河邊上騎車其實非常繞路，因為運河呈現向心圓的排列，總路程可能是從家裡到公司直線距離的一．五倍。而且

9 De Architekten Cie 為一家位於阿姆斯特丹環形運河區的大型建築師事務所，由主要創辦人之一的荷蘭建築師皮·德·布朗（Pi de Brun）於一九八八年成立，之後歷經多次合夥及重組，目前為人數大約七十人的事務所。主要業務包含城市規劃、歐盟區大型辦公建築及住宅建築、荷蘭本地的社會住宅、音樂廳及多功能表演廳等地標式建築。亦為筆者於鹿特丹的貝拉格建築學院畢業後移居阿姆斯特丹第一個執業的事務所。

上班的時段總是在塞車，如果沿途有樓房或道路在進行整修，因為運河兩側的石頭道路皆為單行道的關係，那路上真的是超級塞車，這樣的日常，讓大清早的自己常常在咒罵中度過。

不過，在十七世紀的阿姆斯特丹，這可是非常浪漫的都市路徑，光從每天有不知凡幾的遊客願意花五十歐元搭乘有著玻璃頂蓋的水上遊船來觀賞環形運河就知道了。在東印度公司揚威於海外的時代，這裡其實是一個大工地，不斷地向同心圓外進行城市擴張，以因應人口的增長。當時有十幾萬人從鄉下湧入環形運河區，參與擴張開發的建築工作，或是尋找能夠加入東印度公司的職缺。歷史學家喬納森・以色列（Jonathan Israel）還曾稱環狀運河為十七世紀歐洲最成功的都市建設工程。環狀運河區從內而外分別是紳士運河（Herengracht）、國王運河（Keizersgracht）、王子運河（Prinsengracht）。這項都市建設的費用來自荷蘭人成功經營的跨國公司——東印度公司（Vereenigde Oostindische Compagnie, VOC）[10]及西印度公司（Geoctroyeerde West-indische Compagnie, GWC）[11]。

每天騎自行車在環形運河區上下班，理論上應該是非常有異國情調的畫面，但在事務所上班的日子其實非常無聊。雖然當時我已經從鹿特丹市的貝拉格建築學院畢業並搬到阿姆斯特丹一年多，但跟許多建築學子一樣，面對變化多端、常常泡沫化、工期又漫長的建築市場仍感到迷惘及惶恐；我在事務所的日子，事實上是繁忙又空虛的。二〇〇六至二〇〇七年是荷蘭建築業蓬勃發展的階段，de Architekten Cie 聘僱了近兩百人，在荷蘭的建築師事務所之中規模算是龐大的。當時事務所正在執行阿姆斯特丹南邊，被稱為「荷蘭的金融中心」的大型城市開發項目「南軸」（Zuidas）。⑫「南軸」在開發初期被定位成荷蘭第五大的客運站，通過歐陸的大力士高速鐵路（法／英：Thalys）與荷蘭史基浦機場（Schiphol），連結了鹿特丹、安特衛、布魯塞爾及巴黎等歐洲主要城市。

---

10 在一六〇二年，荷蘭政府整合了海洋上大大小小的公司，以國家力量組成了聯合東印度公司，這間公司有權力組織軍隊並且獨立任命文官。東印度公司專營地區性的轉口貿易，以低成本創造高收益的成果。當時的亞洲人對歐洲的東西沒有興趣，所以歐亞兩地貨品的直接交易並沒有太多商機。因此當時荷蘭人的計畫是先用白銀換得中國絲綢或利用殖民地之一的臺灣所生產的白糖，用以交換日本的金跟銅，然後再用銅買入印度的織品，之後再以織品跟摩鹿加群島人交換香料跟肉豆蔻。這間由政府投資，並給予種種免稅措施的東印度公司，成就了荷蘭進行跨國貿易的體系。

11 西印度公司是荷蘭仿東印度公司模式建立的特許公司，成立於一六二一年，得到政府特許在巴西、加勒比海及北美洲進行大西洋的奴隸貿易。在十七、十八世紀時，對於西半球的殖民、海盜幫派等經濟面向有很大的影響力。他們先從荷蘭運送武器等貨品到西非，到那裡用武器跟人口販子買黑奴，然後將黑奴像貨品一樣塞滿運到美洲後，將奴隸賣掉，再把賺得的金錢用以購買美洲的珍奇異寶，最後載回到歐洲以高價賣出，又賺了一筆價差。這樣的生意大概維持了八十年之久，直到美洲的各區域開始禁止奴隸買賣。

12 南軸位於阿姆斯特丹南區和更南的貝爾特維爾德（Buitenveldert）城區之間，靠近史基浦機場。南軸的全面開發區域約為兩百萬平方公尺的計畫，分三個階段建造，計畫在二〇二五年左右完成。因應這個「荷蘭未來的金融中心」，高速公路、捷運和鐵路分階段轉移到地下。此外，環形公路的容量將增加，南軸中央的「世貿中心車站」將成為歐洲地位的高速火車站。此規劃案由 de Architekten Cie 的老闆皮．德．布朗規劃建立高密度、混合用途的城市環境，包含四十五%的住宅、四十五%的辦公空間和十%的設施。世界貿易中心車站的擴建將創造一個主要的交通十字路口，公共汽車、電車、捷運、火車和高速列車可以順利連線。與高速公路通道一起，讓所有交通方式都可以完美進入南軸。

在這樣大型的造鎮計畫之中，我的任務是協助設計「南軸」區內的辦公大樓立面外觀。由於「南軸」的開發期程太長、變數又多，加上投資者一直不斷地變更開發計畫，因此我常常和同事在連十幾二十年後的使用者都還不知道是誰的開發大夢裡一起熬夜加班。熬夜的夜晚，雙層加超強隔音功能的玻璃窗外，盡是來阿姆斯特丹瞻仰環狀運河及逛精品店的觀光客，這種和周遭城市環境完全抽離的疏離感，讓我越來越不快樂。雖然生活在荷蘭的首都阿姆斯特丹，卻常常覺得活在小泡泡裡，對這座城市全然無知。

為了突破這樣日復一日的建築師事務所生活，我報名了阿姆斯特丹大學的社會人士戲劇班課程，作為工作之餘的娛樂，也想藉此多了解一些這座城市的文化。在戲劇班我認識了幾位阿姆斯特丹大學的地理系學生，常和他們聚集在阿姆斯特丹大學的學生咖啡廳討論劇本及對臺詞。這個充滿文青風格的咖啡廳內坐滿了政治傾向左傾的年輕人，因為阿姆斯特丹大學就是左派人士的大本營，也是地方政治人物的培養皿。許多阿姆斯特丹大學畢業的學生後來都到市政府工作，或是成為長期執政的工黨⑬的幹部。透過與他們的交流，我才知道原來阿姆斯特丹的執政黨一直都是持中間偏左的政治傾向，不一定和荷蘭中央政府的政治傾向一致。

這幾位地理系的學生開始對我身為華人建築師並在阿姆斯特丹建築事務所工作

的背景感到好奇。他們邀請我參與左派人士聚集的文化沙龍，並讓我在裡面介紹一些亞洲城市的都市發展現狀。在其中一次的聚會中，我認識了後來深刻影響我的建築師前輩——海恩。當時文化沙龍請來了左右兩派的地理學者，現場辯論阿姆斯特丹未來的城市發展。在阿姆斯特丹近八百年的城市發展史上，一直有兩種規劃思維決定著這個城市的命運：一種強調大規模的土地開發，主導著像是填海造陸、圩地回填等基礎工程，並賦予政府極大的權力，屬於「大政府式」的思維。另一種則強調公民性，強調社會族群的多樣性，並且極度授權給市民，讓市民決定他們生活城市的未來。在那次的會議中代表極左政黨——社會黨⑭的地理學者滔滔不絕地談論著阿姆斯特丹西邊由政府主導的高密度開發，社會黨用投影機投出一張有點傳統的城市鳥瞰圖，鳥瞰圖的上色方法有點老氣，有點類似手繪風格，著色的方式卻像是二、三十年前

13 工黨（Partij van de Arbeid, PvdA）為荷蘭政治傾向中間邊左、社會民主主義的政黨，目前為荷蘭第二大黨。主要訴求為人民應該享有社會、經濟及政治參與權利上的平等。

14 社會黨（Socialistische Partij, SP）為荷蘭政治傾向極左的政黨，原名為荷蘭共產黨。主要訴求為教育、醫療、就業等社會福利相關議題，並且反對全球化。

現代主義建築⑮師才會生產的圖面。立場較為中間的工黨代表則發表了應該讓公民發聲的參與式城市規劃理念，這樣的方向在之後二十年成為阿姆斯特丹發展上的主流。我在會議中介紹了臺北、香港及首爾的城市小區改變觀察，說明由於東亞城市多在二戰後開始開發，很多都市土地的功能皆為複合性的，除了可以供商業使用，樓上也能作為住宅。這樣多元、混雜的建築功能讓城市比較能適應各種經濟的轉變，且城市建築也可以比較自由地轉變為辦公、商業或是旅店等，不過這樣複合式的使用也會帶來噪音、衛生、交通等問題。

會議之後，有著滿頭凌亂白髮、身體寬胖，穿著寬鬆但沒有完整塞進褲檔中的格子襯衫，以荷蘭人來說不算高的海恩微笑地向我走來，在靠近我的兩、三步前就先將右手伸出，做出想要和我握手的姿勢。「我們應該要認識，並且多交流，」他語調爽朗地接著說：「一般西方人總認為亞洲城市就是混亂的毫無章法，妳的研究剛好說明了這個認知是錯誤的，這樣的城市活力也是有生產的章法的。荷蘭的城市規劃在戰後非常失敗，太多的管制讓城市失去了活力。」

15 現代主義建築是指一個源自於二十世紀二戰後的建築設計與城市規劃思維，其在世界上的主導地位及影響一直延續到二十世紀末。在建築學上，現代主義建築強調極簡，去除建築物外觀的裝飾性，並大量使用玻璃、鋼筋混凝土等材料，達成具有「現代性」及「生產效率性」的建築。而在城市規劃上，講求「車本」城市，住商分離、開發至上、快速通行及運輸連結的效率性。本書在第三部中會有更多相關的介紹。

後來我才知道，海恩除了是一位建築師之外，還是一位社區規劃師⑯、占據空屋者及經驗豐富的建築家、航海家、自由主義者、人道主義者。從這次會議的初次見面，開啟了他和我十年的友誼，從他那裡我幾乎聽過阿姆斯特丹所有七〇、八〇年代制訂前衛社會政策的時代故事，也接受了很多他獨立領悟出來有關城市規劃的思考模式。然而海恩也是一位狂妄的人，許多跟他合作過的人最後都是拆夥收場，也少有人有耐心聽完他整場的狂譫言論，但我似乎是少數聽得懂他的語言邏輯的人之一，常常可以從他支離破碎的句子中，挑出部分，再轉化成可以運用的知識。

在二戰後六〇、七〇年代的阿姆斯特丹，同為戰後嬰兒潮背景⑰中成長的人很多，海恩就是這個時代的年輕人。這些年輕人在阿姆斯特丹的數個街區靠著自己的雙手發展出不同於正統都市規劃的城市新生命。他們早年多在社區協助各式各樣的社區公共建築或是住宅的修繕工作，中年以後開始參與大型的社區重建，較著名的案子包含格魯貝霍夫大樓（Grubbehoeve）⑱、馬尼斯街（Marnixstraat）及鬱金香廣場（Tulpplein）反對拆遷舊街屋修繕計畫。老年時期最具代表性的則是自己和朋友合建的——自由的社區（Vrijburcht）合作式混居住宅。

二十年前，阿姆斯特丹市政府計畫於市區東邊濱海地區填海造陸，以建造大型的新市鎮艾堡島（IJburg）。該區也屬於阿姆斯特丹東邊的新生土地，和東碼頭區的伯尼奧．斯波倫伯格住宅區相離不遠。當時，海恩和一群朋友，就向市政府爭取了一塊地來蓋他們的「共享住宅」。五年後，他們的建房落成，名為「自由的社區」。「自由的社區」是一區樓高四層、範圍約莫一個街廓大小、內有中庭花園的集合住宅。裡面除了五十二戶私人住房之外，位於地面層的住房還有工作室。街廓的轉角除了一個社區餐廳外，還有一個黑盒劇場。夏天時，居民常聚在社區餐廳的戶外烤肉桌旁邊聚餐飲酒

16 社區規劃師的主要工作為協助社區居民為其社區進行空間環境改善等提案，具備空間設計及民意凝聚的基本能力，這種業務一般來說由政府或社區委員會委託，並且需要很大量的鐘點時數進行民眾參與形式的工作。

17 指的是二次世界大戰之後出生的人（大約是一九四六—一九六四年之間），這一代人的父母經歷過一、二次世界大戰，較具憂患意識。因為戰後的世界普遍樂觀且經濟呈現正成長，所以戰後嬰兒潮出生的人多能得到工作並且（相較於其他世代）較為樂觀。但也有經濟學家認為他們花光了地球資源。

18 筆者在本書第三部會介紹此案。

曬太陽，孩子們就跳進海裡頭游泳。

所謂的「共享住宅」⑲，就是居民以合資的方式，聘請建築師自行開發集合住宅。這種在開發過程中省略建商角色的自建模式，在二〇〇八年度過金融危機後的荷蘭逐漸盛行了起來，當地人稱之為CPO（Collectief Particulier Opdrachtgeverschap）。整棟集合住宅從設計到興建的流程如下：一開始，居民先合資一小筆錢聘請建築師著手策劃和設計建物的初步輪廓、大小、動線等等。這樣的啟動經費一般不需要太多。之後向政府申請到建照之後，居民再度合資一筆錢，聘請一名專案經理負責整個建案的流程管理，並向銀行提出興建房屋的貸款計畫。當然，並非每一家銀行都會歡迎這種貸款模式。事實上在幾年以前，也只有當地的一家土地銀行（Rabobank）提供這樣子的服務。

這種建屋方式，好處是省去了建商從營造過程中獲得的利潤，而用比當地市價低三分之一到二分之一的成本蓋出自己的房子。另外，自己可以和想一起居住的親戚朋友們，共同決定合作式建房內的功能，諸如餐廳、劇場、球場、游泳池甚至幼稚園等等。當然，合作式建房相當仰賴專業，找到像海恩這樣合適負責的建築師及專案管理者也是建房成功的關鍵之一。由於空間會在時間的發酵下產生質變，所以海恩常開玩笑說：以前隨性占據空屋的年代，交往中的同居男女朋友分手了說散就散，沒有什麼牽掛，反正占來的房子狀況很差，可以隨時走人。現在，「共享住宅」裡同居的夫妻或男女朋友，卻不能隨便離婚或分手，因為房子的設計跟社群都太特別，轉賣不易，所以還是得同住一個屋簷下一起還貸款。海恩說：命名集合住宅為「自由的社區」之初，的確沒想到日後也會有住戶抱怨這種自由的犧牲啊！

這樣的設計概念，剛好填補了阿姆斯特丹介於社會住宅及自由市場住宅之間的一個巨大的空缺，也就是收入足夠、不需要住社會住宅，卻又買不起自由市場住宅的這個族群。這個族群中有很多的藝術家、設計師、獨立工作者等等。海恩特別在很多住宅單元設計了前後門，並且讓住宅可以註冊兩個地址，這樣就可以讓獨立工作者一個可以向政府登記為住家，另一個則可以登記為辦公室，這是他每每向人們介紹這個作品時，都會不禁洋洋得意的設計重點。

---

19 「共享住宅」在西方其實是一種意識形態下的產物。在亞洲，或是說在華人的文化裡，類似的思考比較少，少數的案例之一是福建的土樓，為了防禦山林野獸、強盜的侵襲所構築出來的共同生活形式。在西方世界，這種想法和馬克思主義、社會主義脫離不了關係，大家因為共同的理念或是生活型態認同而住在一起。這種共產主義式的集體生活理想後來影響了美國的震教徒（英：Shaker Communities）、北歐的合作式住宅（英：Co-Housing）等等的共同生活理想。而這些理想，又在二次世界大戰後影響了荷蘭的占屋運動、美國西部的嬉皮住宅公社以及紐約的合作公寓（英：Cooperative apartment housing, Co-op）。這幾年來，對環境議題很有堅持的生態社區概念其實也有受到早期共享住宅理念的思想影響。共享的概念，可以小從大家只共享一個公共空間，其他都是私人地盤，大到什麼都共享，有點類似學生宿舍一樣，除了私人房間之外所有公共空間都共享。在美國的某些嬉皮社區裡，甚至可以連衣櫥都共享，大家輪流穿對方的衣服。但是其實共享空間跟私人產權的劃設之間，很多時候都會引起爭議。尤其是共享空間的管理問題，時常是大家頭痛且爭論不休的原因。

共享住宅在二〇〇八年金融危機後成為阿姆斯特丹蓋房子的一股新趨勢，受到包括海恩的自由的社區及其他數個作品的影響，阿姆斯特丹市政府從二〇一四年起，著手規劃了城市中六個區塊，可以供家庭註冊興建，並媒合建築師及專案管理人員負責興建。他們先製作了包含流程設定及區域規劃的資訊網站，網站裡也可以找到含括地號、地價、可興建樓層及大小、興建成本概估等等的土地資訊。再定期舉辦公聽會和居民及建築師之間的媒合活動。這樣的造鎮方式，可以降低傳統建商需要回饋營建成本跟風險的利潤，因而降下約二分之一至三分之一的保留獲利，讓消費者負擔的價格大大地降低。

像這樣的城市開發模式蠻適合新的城市區域，在基礎建設及生活服務配套還未豐富全面之前，提供一群城市拓荒者進駐沒有人想居住的地方。透過價格較低但需要付出更多規劃設計及溝通成本的方式，讓初始開發成本降低，也鼓勵人群進駐這些城市區域。

海恩常說如果年輕人無法對自己的住房進行「實驗」，那他對自己的生活及婚姻狀況就不一定會是滿意的，因為根本不知道有其他生活型態的可能性。海恩晚年陸續完成的作品，往往並非「大師傑作」、「建築經典」，但都是與居民長期配合、密集合作，並且共同設計完成的建築項目，也因為這樣，常常為阿姆斯特丹人所津津樂道。

占據空屋者

海恩三十歲的時候，當時的阿姆斯特丹，也閒置了大量的房屋、教堂甚至學校等空間，產權不明，或是屋主對物業不聞不問。對阿姆斯特丹來說，舊的房子占地方，又缺乏新建的住宅，市區的年輕人沒地方住，每天在街頭閒晃滋事，造成當時不少的社會問題。政府為了穩定社會風氣，頒布了一項法令，也就是合法占屋（荷：Kraak Legaliseren／英：Legalizing Squat）。所謂的合法占屋就是讓占據空屋這一項街頭運動合法化。只要房子空了一年以上沒人管理，進到房子裡面開始自住，就算是合法的行為。占據者要如何證明自己是一個合法的占據者呢？就是請警察來家裡看看有沒有在使用中的床、書桌、自己帶來的門鎖等等。不但如此，阿姆斯特丹還設立了幾個所謂的「占據

諮詢中心」，可以讓年輕、沒經驗的占據者向比較有經驗的占據者討教心得。沒想到，原本這項措施只是應急的一種妥協方案，卻成為當時藝術文化突飛猛進的一個里程碑。在阿姆斯特丹，搖滾樂表演的經典聖地帕拉迪索（Paradiso）⑳、前衛電影院及劇場OT301㉑等地方都是由年輕占屋者聚集後慢慢經營起來的文化場所，至今仍保持著具高度創意的活動企劃，維持著由政府主導的文化場地所達不到的文化凝聚力。

占屋運動其實從二戰後就開始醞釀，因為當時歐洲社會普遍有住房短缺的問題，直到七〇、八〇年代，占屋運動開始達到頂峰。一九七一年荷蘭頒布了「家庭和平法」（荷：Huisvrede／英：Home Peace），說明住宅內部的居住者在居住的當下有權不讓外來者進入屋內，而這也適用於占屋者，當時整個阿姆斯特丹已有兩萬人住在占來的房子裡頭。到了一九九四年，荷蘭立法讓占屋合法化（只要能證明房子已經空置了一年以上，並且占屋者有居住的事實），這樣的合法占屋一直持續到了二〇〇〇年。後來，政府又頒布了一項法令，就是將反占屋（荷：Anti-Kraak／英：Anti-Squat）也合法。何謂反占屋？房子的主人如果害怕房子被激進的占據者霸占，可以選擇讓藝術家或學生以很低的租金入住，這樣的行為被稱之為「反占屋」——在房子裡擺人以避免他人的強行進入。

二〇〇〇年初期，很多學生跟藝術家順勢成了反占屋者，享受便宜的工作室一邊創作一邊自住。反占屋者雖然是合法的，但是卻享受不到一般租屋者有的權利，譬如居住在一間屋子內一年以上就享有永久居住權等等。這有點像是一個折衷的策略，一方面仍可以讓屋主擔心房子被占據，而聘請反占屋者來居住，降低空屋率。另一方面，也的確可以讓更多找不到房子住的學生及年輕人順利找到住房，以低廉的租金換取臨時性的住所。反占屋這樣的社會行為引發了連鎖效益，連反占屋這樣的仲介行業也因應而生，負責媒合空屋屋主及學生族群。

海恩常說：「占屋鼓勵占屋者、空屋屋主及市政府持續協調，讓租屋市場的租金可以持續修正。占屋者也有分好的占屋者跟不好的占屋者，雖然我們不能為所有的占屋者辯護，但是禁止占屋真的太越界了。」

記得有一回，我跟海恩參觀了一棟位於阿姆斯特丹東南郊區閒置辦公大樓，十二樓中住了一位名叫史蒂芬（Stephan）的裝置藝術家，是一名被大樓業主「請」來住在那邊的「反占屋者」。史蒂芬一個人就擁有其中一層。他將本供作不同公司出租的各個

20 帕拉迪索為阿姆斯特丹位於萊頓廣場區（Leidseplein）的音樂表演場所，前身為十九世紀的舊教堂，並於一九六七年為占屋者占據，隔年成為政府資助的青少年娛樂中心。八〇年代起成為阿姆斯特丹市主要的（國際）搖滾樂表演場所。

21 OT301 為阿姆斯特丹位於 Overtom 301 號地址的地下文化中心，以門牌號碼三〇一號命名。OT301 的建築物前身為荷蘭電影學院，於一九九九年為一群藝術家合法占屋後，陸續策劃音樂表演、演講等相關文化活動，並成為知名地下文化聚集地。二〇〇六年由 Eerste Hulp Bij Kunst（EHBK）基金會買下並且接續經營。

區塊分別賦予一種「功能」，有音樂區、烤肉區、健身區、睡眠區、冥想區、繪畫區、派對區等等，真是好不享受啊。

西方的「占屋」，如果拿來跟我們亞洲城市盛行的違章建築比較，可以反映兩種社會架構的不同。在亞洲，違建是私人空間向公共空間的一種霸占，把自家的空間向外擴建，增大自家的使用面積，卻不尊重公共空間的品質。就算是將頂樓違建出租給藍領階級的租客，獲利的還是擁有產權的屋主。「占屋」，則是強行霸占別人的私人產權，表現了西方人的掠奪主義，但也有一種無產階級對有產階級的反抗意識在裡頭。有趣的是，如果在臺灣，公共空間就等同於沒有產權、領域感模糊的空間，任何人都可以占領一小部分。但跨越到別家的私人空間，則是很不禮貌的行為。在西方，「占屋」似乎已經被文化分子合理化了，而公共空間，卻是大家不敢侵犯的公權力領域。雖然在二〇一〇年，占屋在荷蘭又變成了非法——主要是由於歐洲政治氣候右傾的原因，但是向來政治態度偏左的阿姆斯特丹，政府還是睜一隻眼閉一隻眼的容忍占屋。據說，這是因為阿姆斯特丹的地方政治人物年輕時都當過占屋者，搞過社會運動，所以對占屋有一種情感。

新市場之亂

在一九七〇至一九九〇年之間，阿姆斯特丹市政規劃部門跟一群頑強的占屋者（荷：Krakers／英：Squatters）就展開了「大政府式」以及「市民參與式」的城市發展思維對立。

位於阿姆斯特丹老城區、紅燈區旁、善德街（Zeedijk）末端的新市場地區（荷：Nieuwe Markt／英：New Market）[22]，曾經在一九八〇年代發生過大型的街頭人群抗爭並與警方發生衝突，這在阿姆斯特丹相對平和的歷史中是罕見的。當時整個城市人口快速的擴張，就像其他歐美城市一樣，然而阿姆斯特丹老城區卻非常的破敗。而新市場北端的善德

22 新市場與阿姆斯特丹紅燈區為鄰，是阿姆斯特丹中國城的南端運河節點，並有一棟十七世紀遺留下來的磅秤所（waag）。很多觀光客會在新市場廣場聚集，所以廣場周邊的餐廳、咖啡店及酒吧相當多。

街當時不僅有流浪漢睡在路邊，還有很多流鶯站街，甚至於在街頭有吸毒者會聚集過來吸毒，地上到處都是針頭。聽老一輩的阿姆斯特丹人講，那時的善德街是一個「不能去的地方」（no-go area）。這在當時的市政府眼中是比較麻煩、必須處理的地區，於是在一九六八年通過了大規模的都市重建計畫，希望將現有老建物剷平，並且開發包含捷運、高架道路、大型商場等這些現代化的都市機能。在阿姆斯特丹透過從威鮑特大街（Wibautstraat）到中央車站的地下捷運工程串連，並在其上架上四車道，新市場周遭很多老舊的房子都計畫大舉拆除。㉓

沒想到在新市場地區占屋的年輕人比居民對這樣的計畫還更不買單，進而組織了激烈的示威行動，促使政府也出動了裝甲車及催淚瓦斯來鎮壓，驚動了整個荷蘭。當年海恩也參加了這場戰役，在社會抗爭運動的年代，海恩就如其他沒有能力購屋的年輕人一樣，占據了空屋拿來自住，和同伴一起生活、改造房子、從事集體抗爭。海恩及其他占屋者無法忍受居住的房子被拆除，他們準備了好幾個月，還自製了有通氣管的防毒面具，當警察開始驅趕第一座大樓居民的時候，占屋者主導的抗爭隊伍和政府的拆除機具車輛產生了激烈的衝突，促使地方人士組成了「占屋者（de Kraker）組織」，這宣告了阿姆斯特丹過往大政府式的權威規劃時代的結束。

「那個年代我們都在占屋，開始占據一間屋子後，就是先到先贏，大家開始劃定自己的地盤，用床跟衣架、布簾等輕隔間的方法把自己的領域劃分出來。因為共居，你很容易跟別人產生感情，有些人就開始跟男朋友或女朋友同居，這時輕隔間就變得不太方便，空間的劃分會被重新協商，然後開始出現比較堅固的夾板隔間。最後就到了『小孩出生時期』，一個個嬰兒被占屋者生出來，哭聲讓大家逐漸受不了，然後隔音棉就開始被運進屋子內，被加在更堅固的雙層水泥板牆壁內。」海恩笑著說。

一九七〇年代，由前身是 Provo 公民團體[24]的地精黨（Kabouters）在數個地方議會拿下幾個席次。地精黨主要支持居住正義的議題，環保及社會階級的議題也是他們注重的議題，他們也在地方議會裡表態支持占屋運動。這時候是住房短缺的高峰期，法院的裁決允許任何人入住無人居住的公寓或住所。那時，僅阿姆斯特丹就有大約兩萬名占屋者。當時的社會政策非常傾向社會主義，大學生往往人人皆有社會津貼跟獎學

23 政府當局於一九六八年批准建造四線地鐵系統，並配合興建地鐵及其車站的機會，打算全面拆除重建沿線街區，引入大型商業設施進駐。此計畫從猶太區一路拆到新市場前的聖安東尼水閘（Sint Antoniesluis sluice gates），遭遇居民與聲援者的激烈抵抗。他們據地堅守，試圖阻止地鐵建設及拆除行動。反對者們從居住權的角度捍衛舊社區，認為是在「為城市權奮鬥」（英：the fight for the right to the city）。

24 PROVO 為一九六〇年代發源於阿姆斯特丹的反文化運動，主要訴求為使用非暴力的手段去激發執政者更加激進的反應，強迫市政官員回應問題的手段。PROVO 創辦者包含反吸煙活動家羅伯・亞斯伯・荷特凡（Robert Jasper Grootveld）及無政府主義者老悟・范・都安（Roel van Duijn）和羅伯・斯都克（Rob Stolk）。

金可以領，在反戰的風氣下結婚成家的人口比例極低，社會上很多老的年輕人，大家都有很多想法跟社會理想，但又沒有實質的薪水去買或租一個自己的房子，所以就造就了大家都贊成占屋運動的社會風氣。

在一九七一年以前，占屋運動一直是一種非正式的社會行為，直到奈梅亨市的一個擅自占屋團體開始了法律體制上的碰撞。他們舉出了一項二十世紀初的法律裁決：該裁決確定了「在居住者有床、桌子和椅子的財產下，別人不能突然剝奪其『居室和平』」。這算是占屋運動試圖獲得其權利合法性的起點，並開始了財產權和住房權之間的複雜辯論行為。這刺激了占屋人數增加，但反過來也促使當局起草了一項預防性法律來支援屋主。當時許多被占屋的屋主不得不訴諸民事法條來收回他們的建築物。然而，荷蘭教會的聯合理事會卻影響了基督教民主黨㉕在一九七八年的議會投票中阻止了這一草案，占屋運動的合法性似乎勢不可擋，在廣泛的社會輿論贊成下，占屋運動在八〇年代上半葉攀上了高峰。

但是到了二十一世紀，藉與新一波的保守政治浪潮相吻合，右翼政治家發起了一場反對占屋的新運動。二〇一〇年，荷蘭禁止一切形式的擅自占屋，違反者甚至會被判坐監兩年半的時間。該立法還賦予地方當局追蹤被遺棄建築物所有者並迫使他們採取行動的額外權力。

一九七五年，海恩當時三十三歲，他從有歐洲麻省理工學院之稱的台夫特大學（TU Delft）畢業後，在台夫特市政府都發局工作了幾年。當時台夫特大學建築系仍主張以現代主義建築為主流的二戰後思潮，認為城市應該要住商分離、都市規劃應該要以汽車為主，讓汽車在來往住家跟上班地點之間通行無阻，以提高城市運作的效率。但在同

25 基督教民主黨（Christen-Democratisch Appèl, CDA）），為政治傾向中間偏右的政黨。主要訴求為地方、省、國家及歐盟應該共同承擔社會責任，並視地球為上帝給予的禮物。反對容忍軟性毒品、賣淫、墮胎及安樂死。

時，反對這樣理念的風向也正在形成。一九八〇年代末，荷蘭文化部向國會提出了「建築法案備忘錄」（Architectuurnota），說明建築學是整體國家發展的文化支柱，並且倡議一系列支持及資助建築研究與業界教育發展的政策。而當時在台夫特大學任教的左派建築師赫爾曼．赫茲伯格（Herman Hertzberger）也正想找尋建築教育的新可能，於是獨立出來創立了以荷蘭現代建築之父貝拉格為名的貝拉格建築學院㉖，並推崇以阿爾多．范．艾克（Aldo van Eyck）為首的十人小組（Team X）理念，強調以人為本的城市及建築。

范．艾克與赫茲伯格一樣，都是著名的左派，聽更早一代的貝拉格學院學長說，范．艾克像是學校的地下校長，常常會到學生的工作室巡邏。早期的貝拉格學院有點像是義大利教育家蒙特梭利（Montessori）所倡導的那種學習樂園，與主流的建築教育相左。范．艾克是荷蘭二十世紀著名的建築師，崛起於一九五〇年後，也是戰後荷蘭建築結構主義的創始人之一。他在荷蘭成長，在瑞士蘇黎世理工大學接受建築教育後，認識了以基提恩夫妻㉗為首的現代藝術評論家及建築歷史學家，從所加入的藝文圈子中逐漸建構出當代的建築和城市觀。雖然他在一九六六－一九八四年之間在台夫特理工大學授課，並且曾經加入 CIAM 的現代建築論壇，但是他向來都與主流建築價值觀和當時盛行的機能主義不合，並且常常和別人因為意識形態而激烈爭執。他後來成立了 Team X，並且推崇地方主義和人道主義建築。

比起同年代的建築師，范・艾克對於建立他認為對的建築世界觀非常的拚命，並且不吝於分享或公開辯論他的思想。他認為當時的建築師過度追求極簡，並且把複雜的人性生活及人類活動簡化。他認為建築應該呈現文化性跟衝突性，以及作為與日常生活的對話。他曾說過：一棟房子應該像一個縮小版的城市，才能產生家的溫度。

赫茲伯格在一九五〇年代末從台夫特大學畢業後就加入了范・艾克所主導的《論壇》（*Forum*）雜誌。范・艾克和赫茲伯格分別設計了荷蘭結構主義最著名的兩棟建築：阿姆斯特丹孤兒院（Amsterdam Orphanage）及阿佩爾多恩（Apeldoorn）中心管理辦公大樓。

在一九六〇年完工的阿姆斯特丹孤兒院，范・艾克讓一小間一小間的教室成為建

---

26 貝拉格建築學院的創辦人為赫爾曼・赫茲伯格，早期為獨立學院，二〇一〇年後成為附屬台夫特大學的實驗型研究所，在建築、都市計畫與景觀設計方面的教育、研究與發展相當知名。貝拉格建築學院提供了鑽研空間規劃與設計議題的重要環境，尤其著重與未來都會區相關的社會與文化現象。貝拉格建築學院提供兩年制的密集研究設計學程、學術工作營與系列講座。研究所教師包括班・范柏克（Ben van Berkel）、荷蘭建築團體 MVRDV 主持建築師威尼・瑪斯（Winy Maas）、西班牙知名建築師亞歷杭德羅・曹埃拉-波羅（Alejandro Zaera-Polo）、雷姆・庫哈斯（Rem Koolhaas）與埃利亞・增西利斯（Elia Zenghelis）等知名國際大師。筆者曾於二〇〇二—二〇〇三、二〇〇四—二〇〇五年間就讀於貝拉格建築學院並取得碩士學位。

27 基提恩夫妻（英：Sigfried & Carola Giedio）皆為現代藝術及建築評論家，曾二十世紀初期的瑞士藝術圈活躍並和范・艾克及達達主義藝術家讓・阿爾普（法：Jean Arp）熟識。

築的細胞，並且讓室內蜿蜒的長廊串起不同的教室細胞，就像是城市中一棟棟的住宅一樣，讓孩童可以自由地串連，並且產生群體之間的連結。范・艾克也不追求當時流行的國際樣式——像是具現代性的平屋頂或是傳統的斜屋頂，而是使用具象徵性的圓拱形屋頂，讓孩童的想像力可以獲得延伸。到了一九九〇年代，這棟蜂巢狀的結構主義建築，成了貝拉格建築學院的第一個校舍。

八〇年代，范・艾克的另一個作品——阿姆斯特丹單親媽媽之家（Hubertus House）[28]，也獲得推崇。在這棟集合住宅內，各種小型的居住單元讓母親及孩子可以獲得隱蔽性，而大量的玻璃磚元素則讓居住者之間產生視覺上的連結性及透光性，大膽的色彩更讓整棟建築產生正向且特別的質感。

而范・艾克在一九四〇到一九六〇年之間為阿姆斯特丹所設計的七百多個孩童遊戲場，更是讓阿姆斯特丹人念念不忘且津津樂道。他並沒有使用任何主題式的流行文化符號，或是氾濫的色彩，而是使用簡單的幾何形狀構成街道家具系列作組合性的搭配。他最常使用的手法是透過攀爬架子、沙坑及凳子所圍塑出來的空間及其之間所預留的空地，讓孩童在群體嬉戲的過程中，自由發揮創造力及產生社會化的各種雛形。

赫茲伯格、范・艾克和他的學生皮特・布洛姆（Piet Blom）被稱為結構主義三傑。他

28 建築師范・艾克於一九七四—一九七八年間為業主休伯特基金會（Hubertusvereniging）修建兩棟沿街歷史建物而成。休伯特基金會為一個照顧單親媽媽的住宅法人，起源於十九世紀。根據記載，一九七〇年代的單親媽媽之家約有十六名單親媽媽及七十名幼童居住。

們在二戰後，因為不滿當時現代主義建築師們講求「效率性」而規劃的部分住宅及城鎮規劃，繼而開啟荷蘭建築「結構主義」㉙的篇章。他們提出建築不應該只是提供遮風避雨的基本居住機能，認為建築應該提供社會性跟社區網絡的建立。他們做出的建築往往像是一個又一個的細胞一樣，每個細胞都是一個空間單元，由使用者賦予特殊的定義並賦予空間的個性。細胞和細胞之間有很多交錯的過渡空間，這就是住宅與住宅之間、教室與教室之間、辦公室與辦公室之間所創造的交流空間。他們不再跟隨現代主義的建築高層化、講求效率式的樓房，而是提出低層、中層、高層混合的社區雛形，並且創造有很多中介的開放及具生活感的活動空間，以提供給社區中不同的族群使用。

鹿特丹布萊克（Blaak）車站的方塊屋住宅（荷：Kubuswoningen／英：Cube house），就是皮特．布洛姆的住宅作品。它在一九七七年建成，方塊屋共有三十七個方塊，其中最大的方塊，是一個可以容納七百人的放映廳。目前大部分的方塊屋除了居住以外，有幾個方塊屋被規劃成旅館，還有幾個是作為服滿刑期後出獄者回歸社會的中途之家。皮特．布洛姆是范．艾克的學生，受到結構主義的深刻影響，他認為住宅不只是拿來住的，也是一個小型社會的縮影。方塊屋住宅之所以能夠興建，受惠於當時荷蘭全國推動的「實驗住宅政策」（Experimentele huisvesting）。實驗住宅政策從一九六八年開始推動，除了阿姆斯特丹，很多荷蘭城市也陸續開始推動有別於戰後一九五〇、一九六〇年代所蓋的一整片單調乏味的現代主義住宅。當時國家住宅部的部長宣告實驗住宅政策有三個目的：一為讓城市更加的城市化，而不是郊區化；第二是推動舊環境中的新建築；第三則是需要提出具體的住房形式及使用方式。實驗住宅政策在一九八〇年與政府內部的部門整合，後來成為正式永續運作的空間政策。

29 結構主義（Structuralism）是二十世紀中旬崛起的建築及城市規劃運動，主要提倡者是范．艾克，主張反對現代主義忽略居民及地方歷史脈絡的規劃方法。結構主義的建築型態採用可重複性的單元作為使用基本型，透過排列組合，可以讓使用者發揮空間的使用性，並且在各單元內形成微小的社會。

一條街是一個社區

「新市場之亂」到了後來，大部分房屋被政府拆掉一半，因為大規模占屋者的抗爭而停滯的頹敗狀況下，聚集的吸毒者越來越多，占屋者將看起來像海洛因其實是砂糖的白粉到處撒在新市場周圍破敗建築的屋內。這樣的行為引來市政當局的緊張並發言回擊，同時也引發了市民的強烈不滿，並在一個在地居民被吸毒者刺死的事件後，達到占屋者、政府、地方居民對立的高峰。地方警察最終也決定介入，並且迫使當局、

地方居民、占屋者、警察進行對話，試圖找到解決的辦法；鄰里間必須組織起來，成就一個大家都可以妥協的方案。捷克・科很（Jack Cohen），當時居民組織的代表之一，提出請政府收購新市場的舊房子並且接管。當時由於警察必須對街區進行所謂的安全諮詢工作，在這個平台上，居民與警察開始聯手，並將組織起來的街區方案交給政府，並且一而再、再而三地向政府施壓；這樣的社區行動，後來促使了善德街的住宅法人㉚「NV善德」（NV Zeedijk）的成立和營運，而第一任的公司負責人就是捷克・科很。

住宅法人NV善德於八〇年代在政府的一半金援下成立，作為一個新市場一帶的住宅管理及整修、整建公司，同時也是街道管理公司。NV善德透過長期在地的經營和收購閒置的房產，截至近期，已經擁有了整條街大約一半的房產。因為擁有了半數的私產權，NV善德也漸漸站穩了腳步，成為街道治理掌控發言權的一個很重要的角色。NV善德曾聘請一位荷籍的香港裔第二代女士，叫做何珍妮（Jenny Ho），負責與中國店家和店主之間溝通房屋整修的事宜；及一位土耳其第二代移民的女士，擔任善德街的街道大使職務，負責辦活動及在店家之間經營溝通的任務，她的薪水一半由

30　為荷蘭特有的，由國家資金推動社會住宅的法人機構，在後文中會有更詳細的介紹。

NV善德支付，另一半則由阿姆斯特丹市政府支出，在商家及政府之間做協調。NV善德的任務除了負責管理善德街一半以上的房產外，也會提供暫時的辦公或營業空間給一些小型創業家，像是善德街四十四號賣黑膠唱片的「瑪莉變瘋狂」（Mary Go Wild）在經營的第一年就享有免租金優惠。瑪麗變瘋狂的老闆說如果當時沒有這樣的租金補貼，他們可能就必須馬上迎合市場，做一些鬆餅或是冰淇淋來賣才付得起剛開店時的支出。但這樣就會跟善德街其他店差不多，使得整條街賣的東西越來越像，也越來越貧乏、缺少特色。

新市場之亂發生後的改造計畫，市政府因為居民及占屋者長期的反對，只好承諾辦競圖來重新規劃新市場附近的街區建築，而後便由范．艾克的團隊取得這個都市規劃及建築更新的案子。雖然市政府原本的高架快速道路計畫被終止了，但是仍然固執地認為應該把鄰近的聖安東尼布雷大街（Sint Antoniebreestraat）㉛拓寬。然而頑強的范．艾克居然阻止了這個計畫，他除了恢復原本街廓中被拆除了一半的房子，也恢復原本的街廓紋理並在其中創造了小條的路徑，以便行人自由穿梭於街廓。范．艾克也堅持地面層有小商店跟住宅入口並存，這和當時很多住商入口分離的概念完全不同，因而讓小區顯得生機盎然。另外，他也突破了政府行政的盲點，通常主導建設者希望住宅戶型都一樣，這樣會讓整個行政流程變得簡單些，但是范．艾克則希望能在同一個街廓內盡量讓住宅單元多元化，有較豪華的戶型，也有居住和工作室結合的戶型，以讓小區的人口結構變得多元。這個規劃案成功的讓阿姆斯特丹市中心沒有被中產仕紳化㉜，至今仍然讓市中心這塊區域宜人居住，加上多元大膽的用色，也讓這些街區充滿著城市的生命力。

一九八〇年，阿姆斯特丹政府終於接受了范・艾克針對新市場地區紋理復原的街區設計圖，這樣的歷程花了十年的時間。概念發展的過程中，范・艾克跟市府都市發展局內的團隊一起工作，但是他也將責任「退回」過給政府幾次，因為很不滿意政府針對捷運工程模稜兩可的態度。他作為建築師並不反對捷運的興建，但是希望能同時保存住宅街區的完整性。後來等到一九八〇年，當新市場街區確定成為住宅區的土地使用之後，才得以進一步確認接下來街區的規劃任務方向：一個清楚的街區復原區，

31 為新市場地區銜接阿姆斯特丹市政廳所在的滑鐵盧廣場的主要街道。

32 仕紳化是都市發展的一種過程，在一個都市地區隨著開發或再開發的過程，整體環境變得比以前好之後，隨著地價上漲，房價及租金也會跟著上漲，那麼居住在這個城市區域的人群組成也會產生質變。也就是較窮、較付不起上漲的租金的人們會逐漸搬離這個地方，流向更便宜的地方居住，取而代之遷入的則是較富有的人們。這個過程在城市發展的過程中有一定的貢獻，可以讓一個破敗的地區一定程度的變好，人群也變得多元。但到了一定的階段，這個地區變得太貴了，只有有錢人住得起，那麼人群又變得單一了。

及一個都市再生區。范・艾克和他的建築規劃團隊後來一共在這兩個區域執行了九個項目，其中比較多圍繞著聖安東尼布雷大街，也完成了很多精彩的設計成果。（不過在范・艾克過世後，他的搭擋們曾在一九九〇年接受訪問時表示，他們當時因為參與抗爭high過頭了，建築立面的用色，好像有點太繽紛了！）

范・艾克的做法突破了傳統的都市化過程，多元的住宅戶型可以讓住宅區內的人群保持多元化，減少在地價上漲後人群類型的逐漸單一化。全數保留未拆除的住宅也能保留當地的老住戶及中低收入戶，與新遷入的居民共同生活，讓地區的新舊住戶各自保有一定比例。

阿姆斯特丹學派

運河小公寓

二〇一四年，因為我已經在事務所工作多年，有了點積蓄，打算開始尋覓更具生活品質的新公寓。在經歷漫長的尋覓及打聽過程後，我租下了阿姆斯特丹老南區（荷：Oud Zuid／英：Old South）外緣，近阿姆斯特丹萊利蘭火車站（Amsterdam Lelylaan）[33]的一套面對小運河、約莫五十平方公尺大小、一房一廳的小公寓。

老南區位於環狀運河的西南側，出了環狀運河，騎自行車穿越十八世紀建造的大

33 於一九八六年啟用的次級火車站，位於阿姆斯特丹的西南方，在中央火車站通往史基浦國際機場的鐵道上。

型城市公園凡德爾公園（Vodelpark）㉞，就會逼近老南區。事實上，老南區涵蓋的範圍相當廣，除了凡德爾公園南緣的區域，舊水管區南側的區域也都算是老南區的一部分，是屬於二十世紀初荷蘭現代建築之父亨德列克．貝拉格㉟所規劃的城市作品。

從阿姆斯特丹城市發展局在一九一五年公告的城市發展地圖來看，我發現這棟房子位在屬於貝拉格於一九二〇年所規劃的老南區（荷：Plan Zuid／英：Plan South）及周邊城市規劃方案的範圍內。雖然嚴格來說不在老南區內，但也算是老南區的西邊擴充計畫內，剛好和一九三四年由現代主義建築師科內利斯．凡．埃斯特倫（Cornelis van Eesteren）所規劃的綜合擴張計畫區（General Expansion Plan, AUP）僅有一條運河之隔。我不禁暗暗自喜，老南區在阿姆斯特丹內可算是高級住宅區呢！

在招租展示日那一天，我來到心儀的運河小公寓賞屋。在一九二〇年施行的《國家住宅法》（荷：Woningwet／英：Housing Act）的規範下，這棟由阿姆斯特丹學派建築師所設計的運河小公寓相當明亮，建築面向運河街道側共有三個窗戶，窗戶尺寸比一般的荷蘭窗戶寬一點，高度也更高一點。我還發現運河小公寓的室內層高共兩百四十七公分，比一般荷蘭住宅的標準層高兩百三十公分更高出了十七公分，讓這間小公寓比起同樣大小的其他房子感覺大不少。原先，這座公寓是貝拉格規劃藍圖下的社會住宅，後來，則在金融危機時被拋售到自由市場，成為在自由市場流動的租賃住宅。在緊湊的室內空間布局下，沒有任何多餘的走道或迴廊空間，幾乎所有的室內坪數都可以使用得到。運河小公寓的公共樓梯間比起我之前住了十年的舊水管區小套房的公共樓梯間大很多，也平緩很多，大概只有三十五度，上下樓梯時感覺特別的舒服。我樓上的五樓，沒有其他住戶，建築師設計了三間約莫五平方公尺大的儲藏室，分別給二樓、三樓及四樓的住戶使用。這個儲藏室很有趣，雖然內層樓高較低，大約只有兩百公分，但因為在頂樓，也有很好的採光，並且也設置了暖氣。聽說二戰時很多猶太人躲藏在荷蘭家庭的頂樓儲藏室生活，一住就是幾年。但是現在在阿姆斯特丹這樣的行為仍是違法的，不過還是有很多人偷偷將儲藏室改裝成民宿、青年旅館或是學生宿舍出租賺錢。小公寓的前屋主放了張宜家家居（IKEA）的雙層床，平常堆放東西，有朋友來時就當作客房，因為沒有獲利，算是勉強合法。我拿隨身帶著的皮尺丈量了一下，將海恩送我的翻轉床從舊家拿來這裡放可是剛剛好，可以將這間儲藏室布置成多用途的客房兼工作室呢。

34 為阿姆斯特丹最大的城市公園，占地大約四十七公頃，修建於十九世紀中旬，其內景觀維護得相當完整，為周邊街區及市民周末休憩的主要場所之一。

35 亨德列克．貝拉格（Hendrik Petrus Berlage）是荷蘭現代建築之父，於一八七〇年在瑞士接受建築教育，他嚮往一種非個人的、具高度公共性的建築。筆者曾就讀的貝拉格建築學院創辦人赫茲伯格就是以他的名字命名，以為紀念。

老南區

荷蘭現代建築之父貝拉格生於一八七〇年，後在瑞士蘇黎世的聯邦理工學院接受建築教育，熟悉了法國建築師維奧萊勒・杜克（Eugène Emmanuel Viollet-le-Duc）的建造理性主義，推崇公共的、非個人主義的建築。貝拉格在二十世紀初提出拋棄建築立面的裝飾性，追求建築平面的組織性和內在活動的真實性。他回荷蘭後，大力推廣公共及社會性的建築。對於貝拉格來說，建築平面的邏輯遠比立面的裝飾重要。現在位於阿姆斯特丹中央火車站前城市大道約兩百公尺的貝拉格展示館，前身為阿姆斯特丹股票交易所（荷：Amsterdamse Effectenbeurs／英：Amsterdam Stock Exchange），是全世界第一個股票交易所，也是貝拉格的代表作品。這棟磚造公共建築，在多次方案的修改下拋棄了大量的古典裝飾，實現了化繁為簡，追求真實性及理性的精神。

在接手規劃南區計畫（Plan Zuid）㊱之前，貝拉格沒什麼機會練習他的都市設計技巧，早年他很受奧地利的都市理論家卡米洛・西特（Camillo Sitte）所影響，喜歡「不要」把街道規劃成直的，並且創造很多感性的小廣場或是綠色圓環等空間。他曾在市政當局的要求下，針對阿姆斯特丹東邊的德蘭士瓦廣場（Transvaalplein），把原本在一九〇三年規劃的街區計畫，於一九一三年修正成較接近現今的街區樣子。老南區的整體規劃則被修正了兩次，第一次是貝拉格在一九〇四年所畫的，把公共建設局（Public Works）的工程師所畫直線條的原有街道，一一調整為非常豐富的角形街道，當時被批評容納了過多的花園，不過在一九一七年的第二次修正中，他簡化了角型街道的形狀，並且讓街道的大小尺度變化更大了些。

老南區內的建築物找來了年輕的邁克爾・德克勒克（Michiel de Klerk）、皮特・克萊默（P. L. Kramer）及其他數位阿姆斯特丹學派的建築師一起參與，這也就是後來建築史上由貝拉格所帶動的阿姆斯特丹學派運動（荷：Amsterdamse School／英：Amsterdam School）。阿姆斯特丹學派是在二十世紀初期由一群年輕、具有社會主義理想的建築師所創立，他們對

36 是一個由建築師貝拉格所負責的阿姆斯特丹南區城市發展規劃。

於老百姓的居所設計有比較多的堅持，譬如平面的配置上講究人居空間的基本尺寸，不會因為預算關係就過分的縮小，對於室內的採光及通風也非常講究。另外，他們也融合荷蘭的傳統營建技術，譬如弧形砌磚的技藝，讓建築的立面有更多活潑、浪漫及生動的表情。此外，採用結合金屬及玻璃的細部，也是他們常用的手法。

整個老南區的規劃理念採用的是混居的概念，就是把上流階層、中產階層、低收入戶混在一起規劃；尤其是將當時工人住宅的品質拉抬到一個很高的水準去規劃跟建造。當時的工人住宅人口密度很高，家庭戶型內並沒有空間配置洗澡間，於是貝拉格在整個老南區內配置了十八個公共澡堂。當時也找了全國第一位獨立執業的女建築師瑪格麗特．斯塔爾－克羅普霍爾勒（Margaret Staal-Kropholler）來蓋了老南區東側的霍倫德雷赫特大街（Holendrechtstraat）街區住宅。克羅普霍爾勒曾經說過：「沒有人比家庭主婦建築師更適合設計住宅了，因為我們待在家裡的時間比任何人都長。」整個老南區當時一共找來了七十一家營造廠投入興建，不過到工程完成時，其中有十六家因為貝拉格的要求過高而倒閉了。

漫步在老南區的街道上，可以感受到貝拉格的社會主義理想：整個老南區住宅區分成三個部分，低收入戶多住在離當今的奧林匹克會場較近的街區，中產的白領階級則住在河岸街區（Rivierenbuurt），而上流及菁英階級則住在阿波羅蘭（Apollolaan）、車站路

（Stationweg）及密涅瓦蘭（Minervalaan）附近的街區。貝拉格相信街道是不同社會階層可以交流及看到對方的地方，所以他設計了一條主街密涅瓦蘭去銜接三個街區，期許那是一個可以讓社會不同階層的人交流的地方。他非常重視城市公共空間的營造，因為這是社會不同族群相聚集的地方，是大家平起平坐、共同享受城市資源的地方。

貝拉格在規劃設計老南區的時候，沒有特別定義這個住宅區應該是給有錢人住的，還是給勞動階級的人住的。事實上，在那個年代，貝拉格可能壓根沒想過需要把社會上不同的人分開呢！

沿著密涅瓦蘭主街行走，可以看到貝拉格對於都市環境設計的各種要求，除了充分的綠地，很多建案都會自動從建築線退縮，讓住宅街廓前方有更多綠化跟沿街的私人庭院，藉以隔離街道的噪音跟私人的居住環境。在住宅的長向立面上，也會有很多拱型的側門破口，引導人們步行進入住宅街廓內部的中庭花園。另外，騎樓空間也是這區的特色，小孩可以在騎樓下而不是馬路上玩耍，讓父母不用擔心他們出門玩會被車子撞到。在密涅瓦蘭主街與橫向的格里特・凡得・文斯街（Gerrit van der Veenstraat）的交叉口，可以看到貝拉格要求把當時老南區都市設計審議委員會成員們的人物雕像，鑲在街區的建築物轉角上，可想見當時貝拉格對都市設計執行的要求非常高！

黎明公寓

在老南區東邊的德街（P. L. Takstraat）旁，佇立著黎明公寓（Dageraad Complex）。在二〇〇一年，黎明公寓被譽為荷蘭最美麗的社會住宅。這棟設計給工人家庭居住的集合住宅，由阿姆斯特丹學派的建築師——米歇爾・德克勒克（Michel de Klerk）及藝術家皮特克・萊默（Piet Kramer）所設計、建造而成。這棟社會住宅共提供了八種戶型給當時的工人家庭，除了更充分的房間數量讓工人養育為數眾多的小孩外，客廳也比以前住宅中的尺寸大很多，讓工人家庭可以有更多的交流。廚房及廁所更加的現代化，但戶內

沒有提供洗澡間，而是提供公共澡堂的機能給這些工人家庭。米歇爾・德克勒克是一名鑽石工人的兒子，小時候曾在當時的知名建築師愛德華・庫珀斯（Eduard Cuypers）的事務所中當幫忙建築師們削鉛筆的小童。後來被設計阿姆斯特丹中央火車站的庫珀斯注意到他的繪圖天分，讓他繼續在事務所裡學習建築設計。德克勒克後來在事務所結識了萊默，一名醫生的兒子。雖然兩人的出身完全不同，但這並沒有影響兩人的友誼，以及日後在建築設計上的密切合作。黎明公寓是兩人合作的開始，德克勒克負責規劃整個建築的大方向及立面比例原則，萊默則負責更多的立面裝飾性細節。整棟建築物的轉角及屋頂裝飾，也融合了很多雕塑家的作品，當時的一個重要原則是：讓勞工階級可以更加貼近藝術。建築師們甚至連懸掛在窗口的花器都一併設計了。在黎明公寓靠近德街軸線街道的盡頭，現在抬頭還可以看到當時建築師們設計的建築轉角裝飾，一個圓形出挑的紅磚頂蓋，下方有木工製作的太陽光輻射意象圖，藉此讓工人們感到陽光和希望。

阿姆斯特丹學派還有一個不在老南區內的經典作品——「阿姆斯特丹船公寓」，也是由德克勒克為住宅法人「黎明公司」（Dageraad）所設計，是一個為二十世紀初期勞工所設計的社會住宅。「船」的意象除了影響了建築的外觀外，也希望能像「船」一樣提供給住在裡面的人一個對抗風雨的獨立居所。船公寓內部除了一百零二個住宅單元外，也有一個集會所跟一個郵局。在平面的配置上，船公寓住宅單元的客廳一樣較當時一般的勞工住宅來的大，同樣表現出能讓勞工有更多居家的空間，並且期望能增加家庭成員之間的交流。立面上的磚造裝飾及表現手法則讓勞工住宅有別於傳統廉價建屋的方式構築。不同家庭間共享的社區空間也是船公寓的設計重點。值得一提的是，船公寓內部的郵局除了寄信功能外，也可以讓勞工打電話或是金融轉帳，這在當時是全新的模式。在一九二〇年代，勞工階層受薪的時候很多是在酒吧裡領錢，領完錢辛苦的男人就會把錢花在暢飲啤酒上。船公寓卻打破了這樣的傳統做法，建築師找來了工會的領袖及工廠的老闆，說服他們讓工人在郵局領薪水，並且養成作帳的概念。這在當時是一個很新的做法，因為家中的婦女並不知道先生到底掙了多少錢。在自家集合住宅的郵局內領薪，可以讓丈夫的薪水在家庭內公開、透明化。船公寓目前仍是一個社會住宅，荷蘭人只要登記排隊申請仍有機會入住，只是聽說等候時間是至少二十年。

國家住宅法

住在阿姆斯特丹，一定會認識所謂的「社會住宅」。荷蘭身為一個前社會主義國家，而阿姆斯特丹又曾經有很長的一段時間由社會主義者帶領，認為政府的功用就是劫富濟貧、照顧弱勢，於是形成一個近乎均富的社會。阿姆斯特丹的社會住宅存量高達整個城市總住宅量的四十六%以上（二〇一六年），而且平均分布在各個社區之中，不會像部分城市的社會住宅往往會集中在幾個比較貧困的城市區域。而荷蘭這個國家也擁有全世界比例最高的社會住宅存量（三十二%），遠遠高於英國（十八%）、丹麥（十九%）、法國（十七%）等其他在這方面也比較知名的國家。

社會住宅不集中在城市中某一區，而是分散坐落在城市之中，有資格申請社會住宅的中低收入戶和一般住戶沒有分別，一起享受整個城市鄰里的公共資源。阿姆斯特丹其實一直有一種系統，將社會主義跟資本主義的力量作結合，從黃金時期開始，政府就會參與私人的航海貿易企業，並提供方便化的關稅機制及殖民機制。到了二十世紀初的社會住宅，他們建立一個由資本主義推動的社會住宅體制。在荷蘭，雇主與勞工並不常衝突，因為他們會聯合起來，將方案交給政府。

從一八七〇到一八九〇年之間，荷蘭總人口翻倍到五十萬，這時城市內的住房供應明顯不足，工人階層往往好幾戶擠在骯髒又沒有陽光的地下室或閣樓之中，產生嚴重的社會矛盾與公共衛生問題。經過工會長年的抗議，荷蘭在社會民主黨（Partij van de Arbeid, PvdA）主導之下，於一九〇一年通過《國家住宅法》，明定保障「居住權」之必要，確立社會住宅為國家政策，主要討論包含阿姆斯特丹的荷蘭西半部、人口集中的都會區內的中產階級及勞工階級住宅量的分配，並賦予中央與地方政府相關法源與制度工具。而荷蘭也從一八九六年開始實施土地的租賃制度，因此迄今國內八十％土地為國有。（在阿姆斯特丹，除了老城市區的土地大部分為私有外，其他皆為國有土地。）

與貝拉格規劃老南區差不多的同一時期，一九一五年荷蘭國家住宅部成立，負責全國的住宅供應及興建決策，這和在十九世紀末興建房子的阿姆斯特丹公共建設局有所不同，所以有一段時間他們很小心不要踩到對方的線。貝拉格所規劃的著名老南區荷蘭都市設計案例，是由公共建設局的工程師們而非住宅部所執行的。一百年前剛剛脫貧、百廢待興的荷蘭，除了擁有一群具理念的阿姆斯特丹學派建築師，重點是還有一群以佛羅・威博（Floor Wibaut）為首的熱血公務員，推動國家住宅部及《國家住宅法》

（荷：woningwet／英：National Housing Act），詳細地規範全國住宅的供給平衡及分配原則，採公開遴選的建築比圖。

《國家住宅法》規定一萬人以上的城市就需要辦理都市計畫，而且每十年就要檢討一次。針對都市土地的公共設施、交通、供電、供水等衛生規範設定了準則。另外，社會住宅必須由國家主導，而且必須被大規模開發。《國家住宅法》規定各地方政府都要設定建築法規，每個房子都要有自己的廁所，內部都要分離，有睡覺、吃飯、烹飪、客廳等數個以上的房間。另外，《國家住宅法》也讓拆除市區的非法住宅成為可能。民間的建築師及都市設計師都可以被市政府當成雇員聘用，不一定需要有公務員身分。讓社會住宅真正大量的推廣，是在二戰之後的一九五〇年左右，當時荷蘭全國上下開始推行都市重建及產業復甦計畫，因此社會住宅的需求及推動，成了急切的目標。

佛羅・威博也是第一個開始思考私人資金及國家資本如何相互配合，以執行大規模住宅開發的社會主義公務員。威博從二十世紀初就參與工會的改組運動，並且提議用消費者工會的盈餘去支撐勞工工會偶爾的經濟短缺。這位名字直接音譯就會變成「樓板（Floor）誰來蓋？（Wibaut）」的部長，私底下也是一位「開放婚姻」（荷：Open huwelijk／英：Open marriage）的支持者，他和太太瑪蒂爾德・威博（Mathilde Wibaut）在一九二五年還聯合出版了婚姻專書「成為婚姻」（Wordend Huwelijk），內容公開討論婚前性行為、節育、墮胎、離婚等各種議題，這在當時的國家住宅部引起了不小的爭議。

左右兼顧

我的日籍朋友阿雅客（Ayako），十年前為了到荷蘭修讀藝術碩士，而來到阿姆斯特丹。學生時代就開始在住宅法人那掛號排隊，等待入住社會住宅，後來如願入住了一間月租兩百五十歐元（約一萬元新臺幣）、大小約二十多坪的公寓。按電鈴被允許進入她的公寓大樓後，就要爬四層陡峭的荷蘭階梯，才能到她四樓的住所。每回經過三樓時，常會聽到裡面的男女在互相叫罵，後來聽阿雅客說她樓下的鄰居是住宅法人收容的非洲難民，可能生活並不好過。阿雅客的公寓有點類似一個樓中樓，進去後是一整層的空間含客廳、廚房及廁所衛浴。在中間有一個旋轉的白色木造樓梯。到了樓上的閣樓後卻是別有洞天，一個挑高兩層的樓中樓，抬頭望是一個三角形的木造屋頂架構，很有藝術家工作室的感覺。而後方還有一個夾層，阿雅客擺了一個很大的白色床墊。她說有時會在閣樓跟朋友一起看電影、抽大麻。顯然，在阿姆斯特丹這種一屋難求的城市，可以一個人住這麼大一間房子的也就只有社會住宅了！

有一回，阿雅客因為住的房子冬天較冷，房子太大造成暖氣費用昂貴，希望能將屋頂改裝一下，加上一層隔離冷空氣的隔絕層來節省每個月的暖氣開銷。一開始她有點不太確定是不是應該要跟她的住宅法人房東或是法人所委託的物業管理公司聯絡，她請教我這位建築師的意見，我建議她都聯絡。

在兩家公司都出現後，顯然立場較偏左傾的住宅法人及立場較偏右傾的物業管理公司立場不同。住宅法人派來一位頭綁黑人辮子爆炸頭、身穿 T-shirt 垮褲的南美裔龐克青年前來討論，而房屋管理公司則派來一位金髮抹油、穿西裝的荷蘭年輕白人前來勘查。三人爬上閣樓後，開始觀察木屋頂。龐克青年說：「住宅法人應該負責修繕屋頂讓居住者感到保暖。」而油頭青年則說：「房子本身已經提供了遮風避雨的功能，額外的加強保暖是租客自己的選擇，應該由租客出錢加強保暖。」於是龐克青年及油頭青年就在我們面前辯論了起來，他們從什麼是居住者的人權辯論到社會的集體照顧，顯然這對他們來說是必須先釐清的基本議題。後來，我們才從他們的辯論中得知，如果維修或裝修房子的目的並非為了追求「奢華」，而是為了滿足「人的基本需求」，住宅法人就有義務要負責出錢維修房子；但是如果不是，則理應由租客自己出錢。但是房子的室內夠不夠暖這事，卻有點難討論，有些人覺得夠暖、有些人則覺得不夠暖。我們四人就這樣僵持了兩個多小時後，達成的決議是由阿雅客出資維修款項的四成金額，而由住宅法人出資維修款項的六成金額。

雖然荷蘭政府這二十年來漸漸不再出資營運住宅法人，這與歐盟國家右傾的政治氣氛及這些年歐盟經濟不景氣有關。不過，獨立經營的住宅法人還是非營利的組織，大部分的社會住宅一樣只租不賣，房租價格受國家規定的限制，是不能隨便亂修改的。據說，連全球知名的建築師雷姆．庫哈斯（Rem Koolhaas），從以前到現在都還住在鹿特丹港邊的社會住宅。

從九〇年代起（一九九五至二〇〇八年左右），由於荷蘭的整體經濟突飛猛進，荷蘭中央政府認為應該讓住宅法人獨立運作經營，不要再依靠政府的廉價土地或是建設基金補助，讓銀行提供低利率貸款，要求住宅法人民營化。獨立運作的民營住宅法人其實比較辛苦，在二〇〇八年的金融危機後很多撐不住就解散了，也有很多開始拋售社會住宅。這樣的行為其實是間接地與私人住宅競爭，導致其他私人建設公司或是屋主的反彈，所以到了二〇一五年，住宅法人又被中央政府要求只租不售了，而且任何新開發的城市街區，都必須要做至少四十％的社會住宅、二十％的市場住宅及四十％的市場出租住宅。

我曾問過阿雅客，不想回東京嗎？她說：想啊！但算一算，在東京租一間小房子，每個月房租至少也要一千多歐元（約新臺幣四萬元）。如果住回爸媽在郊區的家，每天光是通勤到東京工作，來回也要兩三個小時。而在阿姆斯特丹，雖然不是自己的故鄉，但是有一個月租兩百五十歐元（約新臺幣一萬元）的超大樓中樓棲身，擁有永久居住權，比住在東京強多了。沒想到，對阿雅客來說，留在荷蘭不是出於在異國居住的浪漫思想，而僅僅是出於自身居住保障的考量啊！

住宅法人

在阿姆斯特丹負責興建及管理社會住宅的單位叫做住宅法人（荷：Woningbouwvereniging／英：Housing Association），他們往往擁有土地開發、建築營造、及業務管理的綜合能力。簡單的理解，可以說是一種非營利的建設公司。

住宅法人的前身最早可以追溯到十五世紀的上流社會的慈善募捐機構，或是十七、十八世紀為了窮困的老年人所建造的救濟院。到了十九世紀則有類似職業公會的機構，主要協助勞工階層住房的興建。隨著《國家住宅法》在二十世紀初通過，這樣的機構型態也演化成現今的住宅法人，提供居住基本權利的法律保障及國家金融的資助（無論是直接補助資金，或是提供低利率的貸款、建設房屋的廉價土地等），落實支持居住為基本人權的理念。第一次世界大戰之後，因為私人建商、建設公司幾乎全軍覆沒，也間接讓住宅法人蓬勃的發展起來。二十世紀初的《國家住宅法》規定地方政府必須制定建築法規，對於建築物的排氣、消防等都必須制定準則，這時國家也可以提供免利息的貸款給住宅法人興建住宅。到了一九二二年，小型的住宅法人機構已經擴充到了一千三百五十個。阿姆斯特丹學派成員的社會住宅建築案，就是在這段期間獲得了很多政府的業務，足夠支撐當時學派成員的建築師事務所的營運。

住宅法人擁有住宅的真正產權，也負責出租管理的服務。因為各個管理住宅協會不以營利為目的，所以租金收益得以循環運用於住宅的維修、管委會的運作、公共設施的維護等等。大部分的社會住宅只租不售，不過因為有時因為經濟不景氣，住宅協會也可以將社會住宅賣給居住的住戶，只是有規定住戶不能在數年內將社會住宅賣出，以免有人炒作。有時候住宅協會也會規定若住戶想要將房子脫手，只能賣回原住宅協會，買入賣出的價差如果有獲利或虧損則由住戶及住宅協會對分，避免有人故意炒作房價。

我在阿姆斯特丹的建築師事務所上班的那些年，因為業務的關係多少會接觸到住宅法人。住宅法人有相當多種，為了區別他們，公司通常會畫一個簡單的水平線，以點的位置來作區別定位，將他們進行分類。譬如點的位置越偏右邊，表示這間住宅法人越右傾，經營理念比較資本主義。點若在線的左邊，則代表這間公司經營理念越左傾，越偏向社會主義。雖然一般來說，住宅法人的歷史脈絡都比較偏左，但是後續因為時代變遷及財務管理模式的不同，理念也逐漸多樣化。像是比較大型的住宅法人「伊米爾」（Ymere），就是比較右傾的住宅法人，員工多穿西裝、打領帶、抹油頭，室內裝修比較舒適。而住宅法人「德・科益」（de Key）或是「聯盟」（de Alliantie），就是比較左傾的住宅法人，他們的員工多數穿襯衫、牛仔褲，室內裝修以簡單的宜家裝潢或木作風格為主。而有一些感覺應該是左傾的住宅法人，骨子裡搞不好是右傾，因為需要賺錢，但又想維持一種慈善機構的形象！

社會住宅的申請也是透過住宅法人。雖然申請的人非常多，但是因為等候名單很長，所以有些人也會中途放棄。阿姆斯特丹目前的三百五十家住宅法人，總共擁有十九萬五千個住宅（占總住宅存量的四十八％）。因為物業管理總量越來越多，很多住宅法人也將物業管理的業務外包給一些私人經營的管理公司，形成阿姆斯特丹社會住宅複雜又龐大的產業鏈。以二〇一五年的標準來看，只要年收入不超過三萬四千兩百二十九歐元（等於月收入約兩千八百五十歐元）的個人就有資格申請社會住宅，以荷蘭的消費水平來說，這樣的收入不算是低收入，可以算是中收入。荷蘭人可以申請社會住宅的資格不限定低收入戶以及弱勢族群，也包含新移民、年長者、剛出社會的菜鳥、單親家庭、多小孩家庭等，只要支付房租稍微吃力一點點的，都可以申請。雖然我未曾直接向住宅法人承租過社會住宅（我住的房子屬於「社會租金住宅」），然而，收入符合申請條件而排隊等到社會住宅的同學或同事，通常在講到他們的住所時都會有點洋洋得意，似乎他們是一群「比較有辦法的人」。這種態度與臺灣人較為不同，一般在臺灣，有部分的偏見可能會認為社會住宅就是貧民窟，而住在社會住宅裡的人就是經濟狀況較差的人。

在阿姆斯特丹，無論是舊城區或是新的城市發展區，社會住宅都是遏止城市區域過度仕紳化的公權力手段之一。一方面政府可以管控每個城市區域內都有一定比例的中低收入戶；另一方面，也可以透過這個手段了解有沒有非法轉租的行為，來更加了解租屋市場，並且讓社會住宅的提供量更加貼近社會的真實需求（這點透過私人住宅則較難了解）。

雖然由國家來統籌管理租屋市場是一件很繁瑣的事情，但是這樣的市場鏈中也可以提供很多的中小企業服務市場的機會。在這些非營利的住宅法人之中，也能提供裝修業者、室內設計業者、家具業者及各種水電包工、修繕業者工作機會。

阿姆斯特丹在一百年前就建立起土地的國有制度，並且多數利用租賃的形式管理土地，方便政府管理並且做出較長遠的都市整體規劃。另外，社會住宅法人前身往往是源自十九世紀的「工會」或是更早的「慈善組織」，加入一個社區就等於加入一個小型的社會，提升了阿姆斯特丹人對於管理社區公共空間的意識，也更加明白個體的行為如何影響社會。

從十七世紀建造環狀運河區開始，阿姆斯特丹其實就建立了一種系統，將社會主義跟資本主義的力量作結合。十九世紀末，為了從嚴重缺乏新移民住宅的狀況下脫困，所創造的舊水管區快速建房模式及農地徵收後的國家土地租賃系統，讓阿姆斯特丹在二十世紀初建立了一個由資本主義推動的社會住宅體制，將社會住宅交由住宅法人做滾動式的開發和營利管理，其結果就是成就一個非常富有，並且近乎均富的城市。

我在荷蘭當都更說客——118

第二部

自由社會

火車站
"自由的人最少想到死，
他的智慧不是關於死的默念，
而是對於生的沉思。"
Spinoza
史賓諾沙
Waag 磅秤所
紳士運河
Herengracht
STAAT IS DE VRIJHEID
阿姆斯特爾河
Amstel River

IJ灣
Aletta Jacobs
阿萊塔・雅各布斯
Oude Kerk
老教堂
Amsterdam Centraal
-BELLE-
紅燈區
De Wallen
老後方運河街
Oudezijds Achterburgwal
國王運河
Keizersgracht
王子運河
Prinsengracht
環狀運河區
Grachtengordel

住在陸上、住在水上

與水共生

歷史上很多都市學者會將阿姆斯特丹拿來和威尼斯相比較，因為他們都是與水共生的城市。

但是相較於阿姆斯特丹這座城市，威尼斯其實是由多個近海岸區域、被巨大潟湖①包圍的島嶼相連而成的城市；而阿姆斯特丹，則是一個在比起海平面低很多的低窪地中，從堤防內不斷將水抽出並將陸地抬高而形成都市的動態過程。在威尼斯，乘坐船頭翹起的貢多拉②或是水上計程車幾乎可以到城市中的任何地方，步行找地方則有點費時，使用汽車更是不可能。在阿姆斯特丹則是可以利用步行、自行車、便捷

1　因海灣被沙洲所封閉而演變成的湖泊。原本的海灣，其出海處因為泥沙沉積而形成沙洲，之後將海灣與海洋分隔，而成為湖泊。

2　為義大利威尼斯特有的傳統划船，由一名船夫在船尾划動以讓船隻前進。

的輕軌系統，越過大大小小的運河到處去。汽車雖然也很不方便，不過至少還有數條穿越城市的主要道路可供通行。

以荷蘭整個國家來說，大部分的土地都充滿著湖泊跟窪地，大部分的土地原始都是沼澤地。要怎麼把這些沼澤地變成可以開墾跟居住的土地呢？簡單來說就是利用泵浦將土地中的水抽出，這樣一來人們就可以在乾涸的土地上開墾，而這樣透過「人工加工」過的土地就叫做「圩田」（Polder）。

阿姆斯特丹所在的是一個河川三角洲，將來自歐洲山脈的萊茵河（英：Rhine River）、默茲河（英：Meuse River）及須耳德河（Schelde）的河水排入大海之中。在阿姆斯特丹的城市發展史上，一開始居民為防止海水倒灌而興建堤防，接著在沼澤中挖出水道，以便將土地裡的水分排出，形成可以耕作的圩田。後來圩田又變成了建設房子的建地，為了防止水分排出後的土地沉陷，又在沿著水路的新生地邊建造小堤防，將水路變成運河。從十四世紀開始，阿姆斯特丹的阿姆斯特爾河（荷：Amstel Rivier／英：Amstel River）③及IJ灣（IJ）④就是不斷在配合造陸工程變化的城市水體。貫穿阿姆斯特丹東側的阿姆斯特爾河從原本一百公尺寬的河域，時到今日已被縮減成五十公尺寬的河域。現今市政廳大樓所坐落的滑鐵盧廣場（荷：Waterlooplein／英：Waterloo Square）就是十六世紀末所填出來的土地，而中央車站所坐落的土地則在十九世紀被填了出來。

切割阿姆斯特丹南到北的ＩＪ灣和城市內的阿姆斯特爾河，都曾經承載過大大小小的貨運船隻進出阿姆斯特丹的運河及水陸港口，裝貨和卸貨出航通往世界上每個地方。直到現在，每隔五年的八月舉辦的航行節（Sail Amsterdam）⑤仍會有六百至七百艘來自世界各地的船隻在阿姆斯特丹內外海一起航行，讓人彷彿感受到過往萬船空巷的景象。

「在我的成長過程中，我的家人及朋友，如果不是農夫，就是漁夫，這和阿姆斯特丹的獨特發展歷史有關。當然，這兩種人的性格差異非常大。農夫很踏實，腳踏實地不喜歡冒險；漁夫則不然，他們喜歡開闊新的領域，冒險是家常便飯。我自己是覺得我的性格比較偏向漁夫。」海恩說。

3 為阿姆斯特丹南側的尼烏芬（Nieuwveen）向北流入阿姆斯特丹市的河流。「阿姆斯特爾」在古荷蘭文的語意中指的是充滿水的區域。

4 為阿姆斯特丹的一片水域，連結通往北海的北海運河及馬肯湖，阿姆斯特丹人統稱ＩＪ灣的北邊城市區域為北阿姆斯特丹。十九世紀時ＩＪ灣進行了大規模的填海工程，讓ＩＪ灣水體大幅的縮小。

5 每五年舉辦一次的大船展覽，全世界的大型船隻都會在ＩＪ灣聚集展示，為歐洲盛大的城市慶典之一。

以阿姆斯特丹為首的荷蘭地區，從十三世紀也列屬在神聖羅馬帝國領導的「漢薩同盟」管轄範圍內，並且和歐洲其他大都市有貿易的往來。雖然阿姆斯特丹從來都不是成員城市（成員城市可以享有關稅的減免及法律的保障），但因為也算是在神聖羅馬帝國的管轄範圍內，透過水運，帶來了可觀的商業利益。

大約在一二〇〇年，最早的阿姆斯特丹是個小小的漁村，當地只算是現在整個荷蘭地區向北往德國及波羅的海國家的水上商業路徑中的一個小小據點。巨大的木船載著鹽巴、穀物跟木材在這條水路上往返。阿姆斯特丹的漁民很早就發展出相當優越的造船技術，可以造出比原先大五倍甚至十倍，並且可以在北海運行的海洋船隻。當時其他歐洲聚落的船隻，僅能在風浪不大的內地水路上運行，但阿姆斯特丹的船隻已經夠強壯到可以繞行外海。而漁村聚落的民宅就用造船所剩餘的木材構築。在北海上航行的海船水手們，為了對抗海上的各種風險，還想到了把同一批貨物盡量分散在不同的船隻上，這樣一來，就算其中一艘船沉了也只是損失整批貨的一小部分。像這樣的商業合作模式，讓阿姆斯特丹的水手們很早就開始彼此之間的緊密互助模式。

荷蘭的另一古老聚落，現今的烏特勒支（Utrecht）⑥，因為不懂得保護途經其水路的外國船隻，使得他們常常在附近被搶。由於這種狀況層出不窮，就被當時統治阿姆斯特丹的荷蘭伯爵（Count of Holland）搶了生意，讓更多外國船隻改走途經阿姆斯特丹及多德勒克（Dordrecht）⑦的內地水路銜接北海前往比利時的布魯日做生意。為了讓外國船隻能更安全的經過阿姆斯特丹，城市內的運河及堤防被更堅固地建造，每個河道中控制的吊橋點也被更完善地規劃。大型的跨城市船隻通常是停泊在現今中央車站附近的大型港口內，中小型的船隻則可以駛進城中區內，停泊在現今的水壩廣場（荷：Dam／英：Dam Square）或是沿著羅金街（Rokin）停泊。在後來的一百年之中，僑德仕運河（Geldersekade）及辛赫爾運河（Singel）也接續被建造出來，讓阿姆斯特丹中古世紀的城市架構更完整。

這個時候的阿姆斯特丹其實是一片巨大的泥地聚落，行走在其上到處都是溼溼滑滑的泥地，不難想像荷蘭木鞋在這裡有一定的實用性。木屋跟木屋之間的空地塞滿了小型木貨車，畜養著大小豬隻、羊、鵝、雞群等等。

木屋一樓通常是店鋪或是儲物室，而樓上則是住家。這時的老教堂常常在中午的時候鐘響，女人多在家磨穀物釀啤酒，或是縫衣服等；男人則通常在抽水隊內工作，

6 為荷蘭第四大城，也是荷蘭十八世紀後的宗教中心，人口規模大約為三十至四十萬人。
7 為南荷蘭的小城市，人口規模大約為十二萬人。

或是在協力建造各種堤防，這是一個把基礎土地整理好以備使用遠比在其上建造建築困難許多的年代。明信片上常看到的荷蘭風車，在早期除了可以利用風力研磨穀物外，最主要的功能就是抽水，日以繼夜地抽出圩田裡的積水。

1 環狀運河。　2 帕拉迪索為阿姆斯特丹萊頓廣場區的音樂表演場所，前身為一 19 世紀的舊教堂，並於 1967 年為占屋者占據，隔年成為政府資助的青少年娛樂中心。
（圖 1-25 由魏惟拍攝）

Heineken
HEINEKEN BROUWERIJ

5	3
6	4

3 海尼根博物館。 **4** 單親媽媽之家，大膽的色彩讓整棟建築產生正向且特別的質感。 **5** 全阿姆斯特丹最大的市街——阿爾伯特市場。 **6** 18 世紀建造的大型城市公園——凡德爾公園。

INGO
Tabakspeciaalzaak
TATTOO
ATM
FLAMINGO
ZONE
ZONE
BAGELS

9 7
10 8

7-8 現今舊水管區到處是自行車、街道綠化及街角公園的都市景觀。 **9** 阿姆斯特丹學派，建築立面弧形砌磚的特色。 **10** 在密涅瓦蘭主街及橫向的格里特·凡得·文斯街的交叉口，可以看到貝拉格要求把當時老南區都市設計審議委員會成員們的人物雕像鑲在街區的建築物轉角上。

P

13 11
14 12

11 黎明公寓太陽光輻射意象圖，藉此讓工人們感到陽光和希望。 **12** 黎明公寓被譽為荷蘭最美麗的社會住宅。 **13** 阿姆斯特丹中央車站。 **14** 現今市政廳大樓所坐落的滑鐵盧廣場就是 16 世紀末所填出來的土地。

17 | 15 / 16

15-16 河道中控制的吊橋點。 **17** 運河跟廣場的交叉處常會看到小型磚造建築，是古代水上貿易所遺留下來的遺蹟，作為當時的磅秤所。

MUSEUM
OPEN
See a houseboat inside

1782
1899

KEIZERSGRACHT
CENTRUM

21 18
22 19
20

18 亨德列克碼頭是一艘長期停靠在王子運河旁、有著一百年歷史的船屋。　**19** 紳士運河 518 號。　**20** 國王運河 419 號。　**21-22** 在建築物的山牆上依舊可以看到供懸吊大型家具跟貨品的吊鉤。

BEURS VAN BERLAGE
CASINO

GULPENER

25 23 24

23 阿姆斯特丹股票交易所。 **24-25**「In't Aepjen」是阿姆斯特丹最老的酒吧之一，其外觀及內觀。

RED LIGH
BAR
coffee shop

24
TOSTi
Burgers
SALADS
PASTRiES

OUDEZIJDS VOORBURG WAL
CENTRUM
CAFE PLEINZICHT
Cafe Pleinzicht
Heineken Bier
75
D'OUDE SMEDERIJ 1875

29	26
	27
30	28

26-28 紅燈區，街景及日常。（Roel Backaert 拍攝） **29** 黏土城的改造修建過程。（Marcel van der Burg 拍攝） **30** 黏土城的大型通廊。（Marcel van der Burg 拍攝）

31
32

31 黏土城的地面層由過往的停車場空間改造為住宅單元。（Marcel van der Burg 拍攝） **32**黏土城改造後，由相鄰的住宅單元互相打通形成更大的室內空間。（Stijn Brakkee 拍攝）

運河

整個阿姆斯特丹的城市開發史，建水道將低地的水往海洋抽出，或是將既有農田水圳直接變成馬車及汽車可以行駛的道路，又或是將運河再覆蓋起來變成可以使用的停車用地或是街區的開放空間，這是一個非常動態的都市形成過程。

在城市中，運河跟廣場的交叉處，常常會看到小型的磚造建築，這些建築物是古代水上貿易所遺留下來的遺蹟，作為當時的磅秤所（荷：Waag／英：Weighs）⑧，秤量當時

8 為十五世紀興建於阿姆斯特丹新市場廣場上的公共建築，磅秤所曾經是阿姆斯特丹城牆的一部分，也具備城門的功能。在後來的幾個世紀內，磅秤所也被改造為博物館、消防局、解剖學教室等功能。

由國內外大小船隻所帶回來的農產品，讓船隻所載貨物在被送上陸地前可以先被稱重計算，同時還可充當防衛性建築。阿姆斯特丹的「磅秤所」矗立在僑德仕運河連結新市場廣場的交接處，經歷了五個世紀，曾先後被改造成過市政廳、博物館、劇場等等用途。

阿姆斯特丹城市內的運河除了商業用途以外，在過往也曾經有軍事上的功能——開放堤防讓水位上漲並將可能會被侵略的土地淹沒，這樣一來敵軍就沒地可以占領了。著名的荷蘭水線分成舊荷蘭水線和新荷蘭水線。舊荷蘭水線（荷：Oude Hollandse Waterlinie／英：Old Holland Waterline）是在約十七世紀初期時由莫里斯親王（Maurice of Nassau）所構思的，他想要建造一條依靠水的防禦系統，將阿姆斯特丹以東的區域從北邊的愛塞湖（Ijsselmeer）⑨向南一直延伸到南邊的霍林赫姆（Gorinchem），並且沿著水線上的高地，建築一處處的防禦碉堡，當開堤放水將土地淹沒時就變成防衛的基地。在十六世紀利用這種戰術，莫里斯親王曾經將當時統治的西班牙王朝驅逐出荷蘭。他們在當時萊登市已被淹沒的沼澤地上，和西班牙軍隊奮戰了三個月，最終荷蘭軍隊順著因天候暴漲的水勢讓船艦進入萊登城，並將已經撐不下去的西班牙軍隊逐出萊登。十七世紀，弗雷德里克・亨利王子（Frederick Henry）完成了莫里斯親王的構想，並在一六七二年法荷戰爭中成功阻止了路易十四的軍隊入侵荷蘭。

而新荷蘭水線（荷：Nieuw Hollandse Waterlinie／英：New Holland Waterline）則是一八一五年拿破崙戰敗後，新成立的荷蘭聯合王國計畫將水線再往東移，成為「Grebbeline Peel-Raam」水線。其後在普法戰爭⑩及第一次世界大戰之中，都讓荷蘭躲過了他國的攻擊。

阿姆斯特丹防線（Stelling van Amsterdam）則是在一八八〇－一九一四年間施作的，全長約一百三十五公里，沿途包含四十二個要塞；這條防線引進愛塞湖水將阿姆斯特丹圍繞一圈成為大洪氾區的防禦水線。在這項工程裡，荷蘭人利用過往在新舊水線工程上累積的經驗，使得阿姆斯特丹防線可以讓其洪氾區內的窪地成為沼澤，並控制水位無法達到船隻前進需要的深度。雖然阿姆斯特丹防線並沒有真正在戰爭中發生過作用，但有歷史學家認為，在一戰期間德國軍隊沒有進軍荷蘭，跟這條防線產生威嚇作用有很大的關係。現今水線雖然已經廢除，不過當時的要塞及碉堡建築仍存在，部分也改造為藝術中心及博物館。

阿姆斯特丹人與水建立的動態共存關係，讓這座城市的性格和其他歐洲城市很不

9　位於荷蘭西北側的淺水湖，與北側臨接的北海之間設有人工堤防，南側為馬肯湖及阿姆斯特丹市。

10　為普魯士王國為了統一德國與法蘭西第二帝國之間的戰爭，最後由普魯士王國獲勝，並且建立了德意志帝國。

同。一般來說，歐洲中世紀起，采邑制度⑪就讓莊園的地主領導著農民。後者用勞力的付出取代農地的租金，成為佃農。而莊園的大地主則服從於地位更高的教會。然而采邑制度在阿姆斯特丹並沒有形成，主要原因是腳下的土地是眾人協力合作改造沼澤開墾而來，而非由地主那承租而來。再者，讓低窪地可以成為耕地、城市建地的過程中，是由社區各自形成水利會⑫，並且承擔開發的風險及責任，從而讓土地的防災及排水工作可以持續地運作。這樣的城市建設歷史，讓荷蘭人不斷地在練習各種分工合作及利益分享的過程，因此反而不太順從教會或是貴族。

在開挖新水道排水的同時，更多的舊水道也被砂石所填平，變成可供人及馬車行走的道路。現在如果到阿姆斯特丹旅行，你會看到類似觀光明信片的運河照片，彷彿夢幻的運河跟船屋就是阿姆斯特丹的文化象徵。但其實在十七世紀時，這些運河是很臭的，因為從每戶家庭所排出的廢水是直接流到運河中的，甚至在歐洲其他國家的文學家眼中，也曾有以「不過是泥巴跟糞便做的」這樣的語句來形容過阿姆斯特丹。大約到了十九世紀及二十世紀初，阿姆斯特丹才開始比較大量的填埋運河水道，尤其是在居住密度比較高、藍領階級比較密集的約旦區及水管區。雖然當時填埋運河最主要的原因是河水太髒、太臭了，但有些運河被填滿後變成供工人家庭聚集的市集廣場，或是工人小孩可以活動的街角廣場，像是約旦區的花朵運河街（Bloemgracht），就成了一個充滿活力的共享街道。不過，到了二十一世紀，阿姆斯特丹有些公眾討論，反而希望能將部分被填滿的老運河重新打開。其目的，一方面可以加強阿姆斯特丹作為運河城市的整體形象，另一方面則是讓運河水路兩邊的房子享有更高的房地產價值，讓城市的稅收增加。

在一八一五至一八三〇年的荷蘭聯合王國時期⑬（其中比利時於一八三〇年獨立），藉由將新水道運河（Nieuwe Waterweg）及北海運河（Noordzeehanaal）兩條水路打通，從而讓荷蘭在二十世紀的經濟再度穩定。

較當代的案例則有於一九三二年完成聞名全球的須德海工程（Zuiderzeewerken），其全長三十二公里，並構築了數十個持續運轉的排水閘門，將原本銜接北海的須德海隔絕成一個內陸湖，且成為荷蘭的第十二個省：夫利佛蘭（Flevoland）。另外還有被稱為世界新八大奇景的三角洲工程（荷：Deltawerken／英：Delta Works），自一九五八年起建造，

11 為一種土地占有制度，西歐封建土地所有制形式之一；國王將土地賜與服從的臣屬。
12 荷蘭的一種區域性水利組織，執行水源管理、水力發電及洪峰控制等運作。
13 又名為尼德蘭王國（Koninkrijk der Nederlanden），其中包含了荷蘭共和國、奧屬尼德蘭、盧森堡公國、列日采邑主教區。其領土範圍包含今日的荷蘭、比利時及盧森堡三國。

一九九八年完成，總共歷經了四十年。透過將荷蘭西南方大大小小的島嶼串聯起來，並加築大壩跟排水閘門，來保障荷蘭第二大城鹿特丹以南的河川跟陸地不受海水的威脅。然而，要保持與海共存的水利工程非常不容易，除了仍有潰堤風險外，還需要使用大量的能源才能讓整個水壩工程維持日常的運作。進入二十一世紀的荷蘭，也開始做起「還地於海」的工程，在萊茵河的出海口，鄰近荷蘭角的地方，透過將河道的淤沙藉由海浪沖積，重新形成了二．五公里的新沙灘及浮島。與其跟海洋抗衡，最新的思維已經轉換成藉由海洋的力量，向自然借力使力共同構築土地。

船屋

阿姆斯特丹著名的船屋，也跟舊水管區的歷史一樣，一開始是在十九世紀時，為了承接大量由鄉下擠進城市的離農難民潮而產生的住宅供應應急方案。那個時候為了讓新來的居民（主要是吉普賽人）有居住的空間，政府決定將水上的泊船位劃定出來，以容納船屋並酌收水上產權費，提供住不起陸地房子的窮人來住。一直到一九六〇年代左右才開始有了相關進一步的管制規範，因為符合當時的社會氛圍，所以當時很流行住在水上，因而改裝船屋也突然變得興盛了起來。擁有船屋的人必須先向市政府申請停泊證（荷：mooring permit／英：parking permit），也要像陸地上的屋主一樣負擔汙水處理跟垃圾清潔等稅費。時至今日，阿姆斯特丹的水上船屋，儼然成為本身獨有的城市風景及生活情調

的代名詞。根據官方估計，目前阿姆斯特丹總共有兩千兩百五十艘船屋，其中停靠在市中心的共有九百艘。此外，由於運河上的泊船位有限，泊船位的價值也因此水漲船高。跟很多阿姆斯特丹人一樣，海恩也有一艘引以為傲的船屋。截至前幾年，海恩才將他的船屋出售，船屋本身沒賣多少錢，反而是他的泊船位賣到大概二十萬歐元（相當於新臺幣八百萬，約是臺灣一間小公寓的價格）。在二十年間，產權價格自他購買時的一萬歐元上漲了將近二十倍。想想，阿姆斯特丹的「陸上地產」因為建立了完整的社會住宅體制，所以這麼多年來價格的漲幅不算太高，但是「水上地產」的飆漲程度，反而因為政府沒有介入，所以跟我們亞洲國家的地產一樣——漲得瘋狂。

水上的船屋其實可以歸類為三種：

第一種是一般的飄浮住宅，就是一個家，坐落在一個平台駁船上，靠水岸停靠，自身沒有航行移動的能力（荷文及英文裡皆稱為 Ark）。

第二種其實就是艘船，自身可以到處移動，上面附個小室內座席及駕駛艙，但其實沒有辦法長期住在裡面（荷：Schip／英：Ship）。

第三種，是最有趣的一種，就是可以航行的船形房屋，形狀比較長，甲板空間的屋子裡大概可以容納二到四人起居及睡眠，其實可以算是一個移動的家（英：Converted Ship or Schark）。

「亨德列克碼頭」（Hendrik Marina）是一艘長期停靠在王子運河旁、有著一百年歷史的船屋。從二十世紀初開始就由不同的船屋主接手居住及管理，這其中包含有詩人、航海家、音樂家（因為在裡面練習音樂不會吵到其他鄰居）等等。雖然感覺生活狀態非常浪漫，但是其實每天都要修修補補的，沒有外面看起來這麼的浪漫。目前這艘船屋已開放作為阿姆斯特丹的船屋博物館，在裡頭，訪客可以親自感受到住在大型船屋內的感覺。

船屋裡的廁所設計，因為沒有接到陸地的排汙系統，思考模式也和我們常態性的做法完全不同。譬如廁所會將屎尿分離，讓尿液隨著汙水排到岸邊的接收管內。糞便則會固態化，將其中水分也分離到尿液的處理器那邊，然後乾燥固化的屎塊則可以定期收理，並有專業的收糞袋可將糞便塊體收集後帶到公共垃圾桶丟棄。

聽海恩敘述他及他兩個女兒在船屋上的生活經驗，其實解放了不少我這個慣於在陸地上生活及規劃的建築師的想像力。夏天，海恩在兩個小孩放暑假時，會帶著一家人行駛他們的船屋，到小島上無人的沙灘旁停靠留宿個一至二週。到岸後，將置於船內的腳踏車拿出來，變成一家人在小島上的交通工具。當食物不夠時，爸爸就再將船開回小鎮補充糧食後再回小島。渡完假，再把船屋開回阿姆斯特丹市區，非常方便。此外，週末一家人可以開著船屋到處去玩，有時候玩得太盡興，星期一的早上，海恩為了讓要上班的太太或要上學的小孩可以睡久一點，會直接將船屋就開到太太上班的地點或是小孩上學的學校前，讓她們起來盥洗之後就直接進公司或到校，實在是太方便了。

還有一位演員朋友常常夜夜笙歌，經常就開著他的船屋到處開趴。據他說，他有很多朋友也擁有船屋，所以如果其中一人開趴，大家就把自己的船屋開到開趴那個人的船屋旁邊夜泊。到了大半夜，大家已經醉得差不多時，就直接跳回自己的船屋躺平，不需要麻煩朋友、也不需要住旅館，更不用擔心酒駕，一樣也是相當方便。

海恩說：「在九〇年代某年中，有一回，阿姆斯特丹市政府為了減少運河上的船隻流量，所以宣布了一項法令，第三種船屋（可以行駛的船屋）不算是船，所以船主必須將船屋固定駐泊不能行駛，只讓第二種船屋（其實就是艘船）在市區內的運河行駛。沒想到才一宣布，就被擁有可以行駛的船屋的船主大罵。為了表示他們的憤慨，為了證明自己擁有的也是一艘船，兩百多位船主在一個星期天集結，一起在阿姆斯特丹市中心的運河上『遊船』抗議。因為船數眾多，他們形成了一條很長的抗議隊伍，讓很多座拱橋得要同時打開以讓這些船屋經過，此舉就癱瘓了市中心的陸上交通。據說自此之後到今時今日的二十多年間，阿姆斯特丹市政府就再也沒提過這個政策了。」

自由主義

荷蘭在一五六八—一六四八年期間，為了反抗西班牙中央集權及對新教喀爾文教派的迫害，爆發八十年戰爭。一六四八年，西班牙國王菲利普四世簽訂了「明斯特條例」（Vrede van Münster），承認了包含荷蘭、比利時及盧森堡的七聯省共和國（De Republiek der Zeven Verenigde Nederlanden）⑭。這被視為現代荷蘭的開始，後來七聯省共和國更在十七世紀發展成航海及貿易的強國，也就是所謂的「荷蘭黃金時期」。

一個天氣好的禮拜天，沿著環狀運河區行走，可以仔細地觀察這裡一棟棟在荷蘭黃金時期蓋的運河屋。它們的建築立面沒有威尼斯房子的尊爵感，也沒有巴黎房子的

14 為一五八一—一七九五年之間存在的國家，並由奧蘭治家族及各地商會所組成的聯省議會作為統治者，具有開明的商業及司法制度和社會風氣。

浪漫雕琢，他們非常的務實，雖然是當時富人的房子，但與世界上其他先進國家鼎盛時期的建築型式相比之下，就顯得相當平凡。

在環狀運河區，沿著國王運河、王子運河及紳士運河興築的運河街屋（荷：Grachtenpand／英：Canal Houses）[15]，這些房產的主人並不像同時期其他的歐洲國家一樣是皇宮貴族，而是一般中產階級的商人們。而且這些街屋多是地面層為倉庫或是商店、樓上是住宅的住商混合建築。這些運河街屋和船隻有點像，體型不算大，裡面是密密麻麻的房間，為了節省空間而設計的窄小木樓梯跟船艙裡的樓梯幾乎一樣。當時的國際貿易商人可以從他國將經商的貨品載回阿姆斯特丹港，再經由小船隻的接駁載回並囤積在自己家中的倉庫。這些運河屋下面都有至少三十至四十對木樁將它們撐起來，當時由三十至四十人所組成的施工團隊，利用懸吊起的大鐵鎚將木樁一根一根打入地下約四十至六十英呎的深度。那時的工程師已經知道深入水底並與氧氣隔離的木樁並不會腐化，在經過四百多年後的今天，環狀運河區域的三千多棟房子，大部分都還仍是使用十七世紀始建時期所打的木樁基礎。這裡的建築都是磚造，門口的山形牆[16]上通常會附有繪製簡圖的瓷磚，象徵著屋主所製造的物件，或是在遠洋所進行的交易貨品類別。很多的運河屋都會將地下室抬高半層，讓地下室的倉庫可以擁有日照，並且有自己的門。而一樓的住宅大廳或是工作室則抬高於地面半層，從而不會受到日常街道活動的干擾，也增加隱私性。

沿著國王運河、王子運河及紳士運河行走，從觀察建築的外觀特徵在每個時期的變化，可以感受到阿姆斯特丹的市政營收，是如此的依賴著在東印度群島所賺取的收入。譬如在紳士運河的五〇二號，就曾經住著西印度公司的總裁保羅・高丁（Paulus Godin）。而在隔壁幾戶的紳士運河五一四號，則可以看到門口上方左右有兩個雕像，

15 為阿姆斯特丹沿著運河的一種房屋類型，其特徵為樓高（一般來說介於三至五層樓之間）、面寬窄及建築物平面狹長型。其前門通常面對運河，而後門則會有一私人花園，並且面對街廓的中庭。

16 也稱為山牆。為建築物四面中的其中兩面因為斜屋頂鼓起而造成的像山一樣形狀的側牆。

分別代表黃金時期經營奴隸販運跟軍火的阿姆斯特丹家族——文．霍恩（Ven Hoorn）的相關活動；而國王運河的四一九號住宅門口上方一樓頂束帶則鑲上五個圖示匾額，包含度量衡、木桶、麵粉袋、麵包、齒輪等由美洲奴隸所使用的製造工具或製造出的產品。

在建築物的山牆上依舊可以看到供懸吊大型家具跟貨品的吊鉤，房子雖然比舊水管區的面寬寬很多，但是其進深還是很深，就是長條形的房子。就算是黃金時期富人的房子，室內的樓梯照舊很陡，空間還是希望是具多功能用途的，樓上可以住、樓下要嘛可以當店面，要不就是可以儲藏貨品或當商品的展示間等等。根據歷史專家的研究，當時環狀運河區有一半以上的房子都拿來當儲藏室使用，在食材便宜時買入並加工保存，等時機適當時再賣掉，充分展現當時每個獨立的中產家族，對自己就是「自己的主子」的自由主義思維。有別於其他歐洲國家建築就是高高在上的權力表現，環形運河上的房子其實非常機能化，也非常都市化。

在這樣的思維下，可以更加理解荷蘭住宅的設計思維。山牆上的吊鉤可以將大型的貨品拉到各樓層，吊鉤還搭配了一個蠻好使用的絞盤，一個人也可以將大型貨品吊上樓。這樣一來，樓梯間就不需要設計得太寬大，因為只需要服務人們上下各樓層，並不需要用來搬運東西。且為了讓每個樓層的樓地板面積最大化，樓梯都設計得很陡，這樣可以最節省樓梯間占用每樓層空間的面積。而房子的頂樓通常都有一個斜屋頂的閣樓，除了一樣可以當倉儲室之外，也可以作為整棟房子的保溫層，讓屋頂的冷空氣與起居的室內隔離。

狹長形的建築，除了讓每一戶人家都有沿街面可以銜接街道外，房子中段較昏暗的區塊也可拿來作倉儲使用。在人口再次暴增的十九世紀，這些倉儲區塊就被拿來出租給鄉下來到都市的新移工，這樣的都市住宅型態一直要到二十世紀才逐漸改變，人們才逐漸搬到更高密度的公寓。

從房子的設計，可以看出荷蘭人是歐洲國家裡最世俗的民族。根據統計，有四成以上的荷蘭人認為自己並沒有宗教信仰。為什麼會這樣呢？荷蘭近代的宗教脈絡，可以從十六世紀的宗教改革運動談起，當時法國宗教改革家約翰．喀爾文（英：John Calvin）[17]於瑞士日內瓦成立了新教派，脫離了羅馬的教宗。喀爾文主張人應該過著自律跟簡樸的生活，這樣的思維傳至歐洲各國，在荷蘭跟蘇格蘭成為具統治地位的教會。後來英國的長老會及北美的清教徒，都是他們的分支。這個教派在荷蘭被稱為改革宗

17 為法國著名的神學家，一五〇九年出生於法國北邊諾陽，為基督教新教的重要派別喀爾文派（又稱改革宗教會）的創始人。

教會（荷：Gereformeerde Kerk／英：Reformed Church）或喀爾文派。新教徒重視工作，並且在工作中得到安心，因為這樣才有可能成為上帝的選民，所以工作不是為了賺錢，而是為了榮耀上帝。賺來的錢不應該花掉，而應該去投資別項工作，或是去濟貧行善，且新教否定教宗具有無上權力的概念，剛好也很受認為人人平等、厭惡階級的荷蘭人歡迎，因此成為荷蘭的主流宗教。

到了十七世紀，在阿姆斯特丹猶太人區裡，出現了一位富裕猶太家族第三代的年輕思想家——巴魯赫．史賓諾沙（Baruch de Spinoza）。史賓諾沙年輕的時候，受到當時旅居阿姆斯特丹的法裔思想家及數學家勒內．笛卡爾（法：Rene Descartes）⑱「我思故我在」

的論述影響，開啟了他無神論的最早思維。史賓諾沙開創了用理性主義觀點和歷史的方法來批判聖經，他考察了宗教的起源、本質跟歷史，建立起近代西方政教分離的最早框架。他克服了笛卡爾二元論的缺點，把唯物主義⑲跟泛神論⑳結合。後來的哲學家統稱這種學說為「史賓諾沙主義」（Spinozaism）。史賓諾沙認為一個人如果是真正自由的，他不會恐懼死亡。史賓諾沙的名言是：「自由人最少想到死，他的智慧不是關於死的默念，而是對於生的沉思。」他的一生也實踐了這句格言，對死亡一直處之泰然。如果人可以跟上帝及自然達到和諧，就能獲得自由，也可以不被恐懼奴役，所以無知才是罪惡的根源，知識則是得到救贖的終極途徑。

史賓諾沙的理性主義跟自由主義思維，比十八世紀末影響歐洲最劇烈、推翻封建及君主制度、推崇「自由、平等、博愛」及建立現代民主社會根基的法國大革命，整整早了一百多年。

---

18 為法國哲學家、數學家、科學家，一五九六年出生於法國，但大部分時間居住於荷蘭，為荷蘭黃金時代最有名的知識分子之一。他是現代哲學及解析幾何的創始人。

19 是一種哲學理論，秉持著「只有真實存在的物質才是真實存在的實體」這一觀點，唯物主義認為物質決定了意志，而非相反。部分哲學家認為唯物主義是唯心主義的相反。

20 為一種哲學觀點，認為神存在於自然界一切事務之中，並沒有一個另外獨立的神，或是超自然的主宰者。

粗俗聖地與理性主義

櫥窗街道

從阿姆斯特丹中央火車站走出來，撲鼻而來的就是一股濃厚的大麻味，跨過站前廣場，就可以找到善德街的入口，數著從最邊間的房屋往內數第二間是一間古老的木結構建築物，裡面是一個中世紀裝潢風格的酒吧，玻璃窗上用彎曲的羅馬文字寫著「In't Aepjen」（中：在猴子裡／英：In the Monkeys），這是阿姆斯特丹最老的酒吧之一，創立於一五一九年。從東印度群島回來的荷蘭水手們上岸後就會來這間酒吧喝酒，相傳這間酒吧原本沒有名字，水手們沒帶夠的酒錢就會用東方帶回來的猴子當作酒錢付費。後來酒吧裡太多猴子跟其他動物，酒吧老闆就將他們贈給現在位於阿姆斯特丹東邊、

歐洲最老的動物園之一的阿提斯動物園（荷：Artis Dierentuin／英：Artist Zoo）收留，或許現在去看動物園的猴子時，他們的猴子祖先，也曾經蹲在「In't Aepjen」的吧檯上啃花生米呢！

沿著善德街大約走一百公尺後右轉、穿過窄小的暴風巷（Stormsteeg），就會抵達紅燈區的主要幹道之一「老後方運河街」（Oudezijds Achterburgwal），這條總寬大約二十五公尺的運河街，中間有一不太寬的運河水渠，兩旁則是以步行為主的櫥窗街道，來往的人潮往往會讓行走變得頗為困難，慕名來參觀的觀光客會邊走邊看、到處張望櫥窗女郎的驚人身材。另外也會有一些或坐或躺在運河邊，已經喝得半茫，或是全茫的年輕遊客。櫥窗街道沿途塞滿各式各樣的落地櫥窗。這些櫥窗常常會在玻璃門後搭配厚重的絨布簾，如果女郎正在工作，就會將布簾拉上。櫥窗的上方有時會有小小的廣告，上面寫著：「櫥窗出租，請洽電話 xxx-xxxx」。再往上看的話，會發現有時二樓也會有玻璃櫥窗，沒有的話則會是一般的住宅窗戶。位於阿姆斯特丹市中心的紅燈區於十三世紀左右已經存在，櫥窗為當地色情業的一種文化表徵。阿姆斯特丹一般小老百姓對紅燈區其實有一種又愛又恨的情感。一方面，長久以來這樣的城市文化是具有特色的，與其他城市截然不同。另一方面，層出不窮的街邊亂象及人口販運的傳聞，也讓阿姆斯特丹背上罪惡之都的負名。夜間，點著紅色霓虹燈的櫥窗內，女郎透過透明玻璃門向遊客獻殷勤以兜攬生意，這一直是阿姆斯特丹紅燈區給人的印象。事實上，紅燈區的構成，不單僅止於櫥窗，也包含了色情電影院、劇院、酒吧、情趣用品店等產業，延長了嫖客及遊客在紅燈區逗留的時間。

居住於紅燈區內的居民，大部分不太介意與這些色情產業比鄰而居，因為他們在選擇居住區位時已經考慮了這一項「條件」。只不過，近年來區內增設了大量的酒吧，常常引來喝醉的遊客深夜滯留鬧事，增加了居民的困擾。紅燈區一場付費的真人性愛秀（Live Show）收費大約五十歐元，進去後整場表演有一小時，分成四個小節，每小節十五分鐘。每小節的表演都有一男一女在臺上表演真槍實彈的性愛劇碼，從床頭劇情到叢林泰山劇情都有。每四小節的表演會自動重複，劇院從來不趕人，若有觀眾想坐一整天也可以。而同一場劇碼的演員每一小時就需要上場一次，這可能也是為什麼男演員都看起來很疲倦的原因。

一切都發生在教堂旁邊

紅燈區代表著荷蘭對異質文化的包容，以及荷蘭自由、隨興、多元的文化態度。很多人不知道，其實走在紅燈區的大街上，很多色情劇院的後面都是倉庫，所謂的劇院只是一道假的建築外皮，讓你感覺琳瑯滿目，並且性慾爆棚。若你進一步洽詢入場券，肌肉結實的大哥就會將你帶到整條街上唯二的兩家真實劇院之一入場。也就是說，這麼多的假劇院門面，就是為了營造一種街道氣氛，並且增加遊客駐留洽購的可能。

有趣的是，這一切都發生在阿姆斯特丹最老的教堂——老教堂（荷：Oude Kerk／英：Old Church）的旁邊。

相傳在一〇〇〇年時，就有人開始開墾現今阿姆斯特丹老城區中紅燈區這個地區，零零星星的將水導引到河流，讓泥淖的沼澤變成可以耕種的土地。最早對土地的開挖其實是因為想要控制水，導引水順著計畫流向大海，將低窪的土地變成適合耕作的圩田，並且修築堤防及水壩，才能在上面行走、移動。阿姆斯特丹最早的教堂稱為「老教堂」，也叫做「聖尼古拉教堂」，建於一三〇六年。到了十五世紀初，因為當時宗教朝聖的人口很多，又在現今的水壩廣場（荷：Dam Plein／英：Dam Square）旁建了「新教堂」（荷：Nieuwe Kerk／英：New Church）。

阿姆斯特丹舊城區在十五、十六世紀漸漸發展了起來。地主們發現他們必須更進一步地合作興建更具規模的水渠，並在水的兩岸鋪設道路。溫莫斯大街（Warmoestraat）及內斯街（Nes）似乎是阿姆斯特丹最早的陸上道路之一。一張由畫家保羅・馬斯（Paul Maas）繪製於一三〇〇年左右的阿姆斯特丹，只有兩條路，一條是溫莫斯大街，一條是現在的購物大道卡爾弗街（Kalverstraat），它們中間的水壩街（Damrak）及羅金街（Rokin）當時還不存在，都還是水路。而且在這張圖內所看到的，當時水壩廣場周圍也只有幾棟農舍般的房子。

在十五世紀跨到十六世紀初的時候，正是歐洲的文藝復興時期，當時阿姆斯特丹是一個船運中心，來往的水手跟國際商人，以及朝聖的人並存在城內。在那個年代，同一條路上可以常常看到有些人正要去教堂，有些人則正要去買性，這幅風景到現今都一樣，除了去教堂的人明顯少了很多以外。在那個時候，據傳由教堂核發營業執照給娼館，賦予可以公然性交易的運作權利，教堂也會向在一旁巷弄內買春的嫖客兜售贖罪券，甚至還發行過預售型的贖罪券呢。現在紅燈區的幾條櫥窗小徑，以街道名稱來說也和現在滿滿的性產業及觀光客不相符合，譬如由第三性工作者經營的「血街」（Bloedstraat），並不是凶殺意涵或是其他跟健康教育有關的意思，而是當時朝聖者所珍藏的「耶穌的寶血」。再譬如「禱告小巷」、「主禱文巷」及「修道士街」（Monnikenstraat）等名稱也可以感知到當時的天主教熱潮。荷蘭人重視商業，又受到法國神學家喀爾文的影響，所以常常懷疑腐爛的教會，在很多公開場合質疑天主教派的各種行為。紅燈戶也一戶戶明目張膽開在教堂旁邊，掛起招牌來營業。當時的警察常常睜一隻眼閉一隻眼，因為太多的管制會讓貿易蕭條，這樣的自由主義跟街頭的非正統行為深植在荷蘭人的血脈之中，讓他們的創新和思想超前，可以挑戰既有的社會框架。

性別思索

紅燈區另一個特色是其內林林總總、琳瑯滿目的情趣用品店。像是坐落在溫莫斯大街上的保險套瑪麗亞（Condomarie），這間由兩名荷蘭女性——瑪麗克．瑞林（Marijke Viljin）及瑞奇．詹森（Ricky Jansen）在一九八七年因為希望協助女性防範愛滋病的傳布而設立的保險套專賣店，號稱是全世界第一家專門店，在當時的阿姆斯特丹引起群眾的一片譁然。

在專櫃櫥窗前逗留片刻，會看到櫥窗裡懸吊著各式各樣顏色、尺寸及材質的保險套。在十九世紀以前，男性使用麻布做的保險套，甚至還聽說有人使用動物的腸子當作保險套。一直到十九世紀中，橡膠的用途被開發出來之後，才開始有大量製造保險套這樣的概念。二十世紀中，因為防止愛滋病傳染的性病防治概念，保險套才被大量

的推廣。一九三二年，杜雷斯（Durex）這家源自於英國的保險套公司成立，並且用乳膠製造保險套。保險套瑪麗亞裡收藏著各式各樣的保險套以及各種性愛配備，觀光客總是進進出出的，絡繹不絕。

在阿姆斯特丹，關於使用保險套進行節育的概念開始於十九世紀，由阿萊塔．雅各布斯（Aletta Jacobs, 1854-1929）這位女醫生推廣。她是全荷蘭第一位接受大學教育的女性，當時她自己寫了請願書給荷蘭國王約翰．索貝克（Johan Thorbecke），要求國王特許她入學。雅各布斯在年少時，深受由英國人權主義者約翰．彌爾（英：John Stuartmill）所寫的《婦女的屈從地位》（英：*The Subject of Woman*）影響，這是一本關於女性在傳統婚姻制度內被壓抑的狀態。雅各布斯從醫學院畢業後，在阿姆斯特丹當時的工人住宅區——約旦區（Jordaan）開了她的診所，並協助工人階層家庭的婦女避孕。雅各布斯是「婦人國際平和自由聯盟」（英：Women's International League for Peace and Freedom, WILPF）的積極成員，雖然遭受到阿姆斯特丹醫學界的反對，但是雅各布斯仍持續推動計畫母職以及在國際間為婦女的投票權奔走。所幸在她過世前幾年，親眼見到荷蘭婦女投票權於一九一九年通過。

雅各布斯在一八九九年出版了《女性的三個議題》（*Women's interests: Three current issues*）一書。書內討論了關於女性經濟獨立、計畫生育及娼妓管制。在娼妓管制的章節內，她認為娼妓制度應該要合法化，這樣才能落實健康檢查及管制性病的蔓延。但是她同時也強調只管制娼妓是有侷限的，應該連客人的健康狀況也要掌握，不然無法防治性病傳播。

在阿姆斯特丹民風開放的六〇年代，除了社會大眾受到戰後嬉皮文化的愛與和平的反戰影響外，當時幾個執政的政黨，包含工黨及民主D66黨[21]也大力鼓吹公民的自由主義，建議將賣淫、同性婚姻及安樂死合法化，他們的立足點是因為這些都是基本人權。對於性工作在那個年代的合法化，其實是因為社會及經濟面向的自由主義政黨其訴求的論點「剛好」結合：經濟自由主義者認為性工作是一種工作權及謀生權；而社會自由主義者則認為合法化可以保護性工作者的人身安全，是一種應該要有的社會保護網。

另外，荷蘭在一九五〇年代的同志先鋒班諾．普雷謝拉[22]，也曾在電視上公開辯

---

21 為荷蘭社會自由主義的政黨，由以漢斯．范米爾為首的無黨籍青年，成立於一九六六年，主要的訴求為政治制度的民主化。

22 講到雅各布斯，就會提到深受她影響的普雷謝拉父子。父親伯納．普雷謝拉（Bernard Premsela），他是一位醫生，因為受到雅各布斯的啟發而寫了《給我們的孩子的性教育》（英：*Sexsual Education for Our Children*）這本書，並以雅各布斯的名字在阿姆斯特丹開了一家避孕診所。而他的兒子班諾．普雷謝拉（Benno Premsela）在父親的開放式教育下，則成為一名成功的工業設計師，並在保守的一九五〇年代公開在電視上承認自己的同志身分，是荷蘭第一位上電視坦承性向的男同志。

論關於社會應不應該接受同志。他指出，社會對於同志族群的剝削，就像是十七世紀的荷蘭人對於東印度國家的剝削一樣。他說同志問題本來就不是同志自己的問題，而是整個社會的問題。而面對賣淫的問題，也不單單是女性的問題，而是整個社會可不可以讓性工作者擁有工作權的問題。

協和式民主

荷蘭的政治體系採多黨制，或有荷蘭人也稱之為協和式民主。國會中小黨林立，這樣的政治生態來自荷蘭傳統社會中各自獨立的的柱狀社會。譬如說：各地方的水利會因為要整合地方的排水夯地工程，算是很強大的地方組織，有這個水利會所組成的地方社會，就是當地的一支柱狀社會。而農會，或是基督教會，也可以是支撐柱狀社會的主要脈絡，因為這些不同的社會組織彼此平常很少往來，所以在政治的決策上，很難用對立來拚出勝負。因而，只好用妥協來成就共識。因為大黨在下議院很難取得超過半數的席次，只好說服小黨一起加入共識決內。小黨與小黨之間也需要團結才能壯大，因此在這來來回回的議程之中，小黨提出的政見也可以被看到，並且得到注意；這或許是在荷蘭很多非主流議題可以獲得議會通過的原因。而市長或首長的選舉，也是由議會之中的得勝者擔任，並非是透過民眾的直選。

一九八〇年代關於性工作有新的論述開始產生，開始有學者將性工作跟女性的自主性連結，說明如果出於自願且為求謀生，則為女性自主的權利。這類型的論述將過往把性工作當成女性被男性奴役的行為淡化，並且在這類型的學術基礎裡，男性嫖客逐漸變得模糊，取而代之的則是女性從業的出發點為何。於是到了一九八〇年代中期，荷蘭針對性工作的法律基礎逐漸區分為自願及非自願兩種，針對這兩種有不同的法律框架：針對非自願的部分，國家須保障弱勢人民的安全；而針對自願的部分，國家則無權介入個體在親密接觸中所產生的關係。

一九八三年，當時的司法部長克拉托・愛特斯（Korthals Altes）提出了將娼館合法化的草案，後續又經歷了十年以上的修法討論。這段期間內，主張自願從事性工作的人組織了工會，角色從傳統的妓女，變成擁有工作權跟主體性的性工作者。嫖客變成顧客，老鴇變成娼館老闆跟管理單位。而在性產業之中的男性與女性的性別角色，其差異則在法律層面上被弱化，變成勞工、資方跟消費者的角色差異。

二戰後的阿姆斯特丹，也是一個百廢待興的年代，在紅燈區逐漸聚集了越來越多的櫥窗，市政府對這方面的管制並不積極，也不多介入，這樣的容忍政策也同時默許了在紅燈區內使用大麻的情況。到了一九八八年，性工作被正式承認是合法的職業，性工作享有工作權，且性工作者不是一般雇員，而是一位獨立工作的自雇者。到了二〇〇〇年，荷蘭政府頒布了娼妓營業合法化的中央政策，從此兩人以上娼館可以正式的掛牌經營，成為歐洲第一個、全世界第二個[23]性產業合法掛牌經營的國家。

23 全世界第一個性產業合法化的國家為澳洲。

誰的事實？

瑪麗斯卡・馬玉爾

阿姆斯特丹紅燈區娼妓資訊中心（Prostitutue Information Center, PIC）的創辦人瑪麗斯卡・馬玉爾（Mariska Majoor）曾經是一位性工作者，也是一位妓權鬥士。在一九九〇年代她曾公開上荷蘭電視為性工作者爭取權利，電視中的她，拉著一隻狼犬，身穿運動服上電視。藝術家庭出身的她，侃侃而談為什麼她會從事性工作這一行。她坦承一開始就是為了錢，沒有太多其他的理由。之後，她也曾開課教授如何成為一位性工作者，並在阿姆斯特丹大力倡導性工作就是一種勞動權的觀念。在她一九九九年出版的《當性工作成為工作》（*When Sex becomes work*）這本書中，她說在十六到二十歲時，因為需要賺一些快錢所以決定從娼。那時她很年輕，做這樣的決定並不是很困難。後來她離開後又

回到學校完成學業，卻因為這樣的經驗和這一行產生了一輩子難分難解的關係。在這本書中，她清楚寫到從事性工作和人口販賣是本質上兩件很不同的事。性應該是很個人的事情，沒有任何人可以強迫另一個人從事這樣的行為。

瑪麗斯卡於一九九四年，在阿姆斯特丹老教堂旁邊成立「娼妓資訊中心」；這是一個協助性工作者了解關於自身健康資訊，以及建立性工作者之間社會連結的地方，一週內有兩個對外開放的時間。瑪麗斯卡認為全世界的國家都應該承認性工作，並且將性工作合法化。這是唯一可以管理並且保護性工作的方式。有意思的是，「娼妓資訊中心」堅決不接受任何政府部門提供的營運補助，並在這麼多年來，嘗試各種能獨力運營的方式，提供包含導覽、販賣商品等等服務，盡量使中心可以自給自足。她的父親曾經協助她製作關於阿姆斯特丹紅燈區性工作者的攝影集。近年來，她也和在阿姆斯特丹攝影學校唸書的女兒合作，製作世界上不同國家的性工作者的攝影集。

二〇〇九年，我離開在 de Architekten Cie 的工作。因為外國人的身分，若是沒有公司幫忙提出工作簽證就得離開荷蘭，但當時的我仍想對阿姆斯特丹甚至荷蘭的城市規劃及更新思維有更進一步的認識，於是跑回貝拉格建築學院問老師有沒有機會參與荷蘭本地的項目。有鑑於當地在建築師事務所工作的大部分華人都會被指派去做中國內地或是東歐的開發項目，非本地人事實上很難參與本地的項目，老師建議我成立一人公司，並直接跟「荷蘭國家建築基金會」（荷：Nederlands Archfonds／英：Netherlands Architecture Funds）[24]爭取荷蘭本地的規劃研究案。

當時的荷蘭國家建築基金會，有一部分的項目都在關注舊城區的城市改造，及提高市中心再開發密度的各種可能性。針對阿姆斯特丹的舊市中心改造規劃，我和當時專案配合的旅荷臺籍建築師羅章芳[25]連續兩度競圖提案，都未獲選。到了第三次，我們決定呈現大量亞洲城市（譬如：臺北、香港、首爾、東京、上海等地）的高密度都市（再）開發項目，去向評委說明我們可以套用部分都市策略在阿姆斯特丹舊城區的市中心，並和既有的性產業做結合，才成功說服評委讓我們執行研究規劃案。

於是在二〇〇九至二〇一一年之間，我們正式開啟了委任研究計畫，探究阿姆斯特丹紅燈區改造的另一種可能性，主要為探討當時地方政府的櫥窗關閉政策對阿姆斯

24 為現今荷蘭創意基金會（Creative Industries Fund NL）的前身，主要進行建築及都市規劃設計相關案件的前期研究或是行動執行的公開招標，設有專門的委員會進行專案評選。筆者曾數度受荷蘭國家建築基金會及後來的荷蘭創意基金會委託執行城市規劃及研究專案。

25 羅章芳建築師為旅荷臺籍建築師，二〇〇九—二〇一〇年之間與筆者合作投標阿姆斯特丹紅燈區改造規劃案，並投入此案的都市策略研究及規劃方案。二〇一〇年後，羅章芳建築師轉向與建築師羅伯・布萊德（Rob Breed）創立國際永續建築平台A.I.D（Architecture in Development）並暫停了紅燈區的研究規劃工作。

特丹市中心未來都市空間之影響，及分析色情產業結構的改變將會帶來的市區仕紳化現象。所以在這段時間，我們深入造訪了紅燈區，與性工作者、地主及分租經銷機構詳談交流。在進去紅燈區研究的初期，因為對於阿姆斯特丹的性產業完全不了解，加上在主流社會的認知之中也是個危險、龍蛇雜處的地方，所以感到有點不知從何著手。我請教海恩的意見，他說：「其實妳不用太擔心，紅燈區搞不好是全阿姆斯特丹最安全的地方，櫥窗地主一定會想辦法不會讓意外或衝突發生在他的門口，因為這樣『對生意不好』（英：It's bad for the business）。」不過很明顯的，海恩對於政府發起的街區改造運動興趣不太大，「我總覺得，櫥窗全面關閉是不太可能，紅燈區可能會亂些年，然後一切又恢復常態（英：Everything will be back to normal）」。

經過六個多月的田野調查及實地了解之後，我們發現許多當地政治人物對紅燈區運作系統了解有限，所以在推動「聯合專案一〇一二計畫」（Project 1012）㉖的初期，低估了櫥窗關閉及全面改造的困難性。荷蘭當地的一般社會輿論普遍認為紅燈區的性工作者是受到櫥窗地主的控制，但是我在調查中了解到，半數以上的性工作者其實是自主的個人公司，以住在荷蘭郊區的單親媽媽和來自東歐國家的年輕女性為主。性工作者通過分租機構向地主承租櫥窗來工作，和櫥窗地主之間不一定有太直接的互動。

透過到「娼妓資訊中心」的參訪，我有一個機會與瑪麗斯卡說到話，並且跟她說明了這項研究的原委。

瑪麗斯卡本人長得很漂亮，她的五官甚至有點東方人的感覺。她用低沉而緩慢的語調描述：「在阿姆斯特丹從事性工作的環境是除罪化的。而在很多種類的性工作環境中，我最喜歡的就是櫥窗型態的工作。因為在櫥窗工作的性工作者，可以先透過窗簾打量客人並且鎖定目標。如果喝醉酒的客人看起來危險，最好不要接，就把窗簾悄悄拉起來。如果是看起來很好搞定的客人，就可以將窗戶打開跟他打情罵俏，並且拉生意。」她喝了口茶接著說：「所以作為性工作者，其實自我主導權很強，並不需要受到皮條客的控制。」或許是因為很多人訪問她，我感到她對我的提問不一定都有興趣，她會挑她有興趣的問題，優雅地回應。瑪麗斯卡認為阿姆斯特丹紅燈區的櫥窗因為跟街道的關係很近，而且通常一個櫥窗街屋至少會有二到三個櫥窗，如果有小姐被客人欺負，可以馬上逃跑；加上每一個房間都有警鈴，如果在房間內出事了，警察會在很短的時間內到

26 阿姆斯特丹政府於二〇〇八年開始推行的都市重建專案，利用市中心紅燈區所在區位的郵遞區號一〇一二作為專案名稱，此都市重建專案的訴求隨著時間的推移不斷在變化，但主要都是希望能大幅減少紅燈區內的櫥窗數量，及管制街上鬧事的酒客活動。二〇一八年（計畫開展的十年後），政府對媒體坦承此計畫失敗，主要原因為收購櫥窗的金額過高，並且無法得到街區內不同利益相關人的認同。

達。「這種跟街道的關係，是一種蠻有效率的空間模式。」瑪麗斯卡平靜地說。接著瑪麗斯卡帶我看了一間櫥窗的室內空間，這也是我第一次有機會看到櫥窗的裡面，因為之前都只能從街道上觀看。我發現櫥窗只能容納一個約莫一平方公尺的座椅空間，當客人和小姐達成交易內容的協定之後，他們就會跨過櫥窗的空間，走到房子後面的三、四間房間之一進行性交易。房間內部的陳設因為櫥窗所在的地理位置或是管理者會有些等級差異。有些房間室內很豪華，還有浴缸等等增加情趣的設備，也會懸吊水晶燈等象徵奢華的物件。但也有些房間陳設很簡陋，除了床以外就只有一個洗手臺，以便性行為的前後做清理。似乎只要小姐漂亮，可以吸引客人上門就夠了，後續的空間環境不一定是消費的重點。和瑪麗斯卡道別之前，她向我眨眨眼，爽朗帶點狡黠地說：希望妳們的研究可以「Kick Ass」（踢屁股，有非常強大的意思）喔！

櫥窗仲介

在研究的初期，我們透過瑪麗斯卡的引薦，遇到了正式開啟我對紅燈區整體運作理解的史林姆（Slim）。當時的我苦於沒有真正從事當地櫥窗生意的地方頭人願意接受我的訪談，所幸瑪麗斯卡願意幫我介紹史林姆。史林姆在紅燈區從事櫥窗仲介工作，身形瘦小、戴著有點類似電影「末代皇帝」裡溥儀皇帝圓形金屬框眼鏡的他，是一位第三代摩洛哥移民後代。史林姆這個單字在荷蘭文的意思就是「聰明」、「伶俐」，所以我想到他的時候就是聯想到「聰明」、「伶俐」。史林姆的辦公室位在紅燈區主街——老後方運河街與小街磨坊巷（Molensteeg）交叉路口的二樓。順著狹小的木樓梯往上爬，就來到了史林姆的辦公室「玫瑰人生」（法：La Vie en Rose）。史林姆的辦公桌後有一堵偌大的木牆，上面掛著約莫二、三十個插卡的老式金屬格子，每一個格子代表一個櫥窗，有點類似打卡機的卡片格子。性工作者若來跟史林姆租櫥窗，就把她的名字登記在小卡上並排上租賃的時間，然後把卡片放到每個櫥窗所對應的格子內。每次到史林姆的辦公室，都會聞到一股很強烈的按摩油氣味，我一直不知道那是保險套的氣味，還是按摩油的氣味，還是只是辦公室內木頭家具保養油的氣味。這麼多年後，想到史林姆的「玫瑰人生」，還是會想起那股味道。不過，與其說那是一種代表性工作的味道，對我來說，更多的是代表勞動者的味道。「玫瑰人生」永遠有很多人進進出出，譬如負責打掃的清潔工、壓低鴨舌帽的櫥窗地產老闆、年輕素顏的小姐、會計，也有帶著一大串櫥窗鑰匙的老人進進出出，替史林姆帶小姐們到她們租賃的櫥窗開始上班。通常來租櫥窗的小姐都穿著輕便，頭髮往後紮成馬尾，並會帶著一大包隨身的物品。她們對我都會有點興趣，眼睛眨啊眨地看著我，心中想得好像是：這不知道是哪個亞洲國家來的、是要來紅燈區工作的小姐嗎？有一回，一位叫莎夏（英：Sasha）的斯洛伐克女子上來找史林姆租房間，檢查完護照（檢查是否符合合法工作的年齡）、辦完承租櫥窗的手續後，莎夏有點不好意思的往坐在窗邊的我靠過來說了聲「借過」。她用手輕輕將窗簾撥開，透過窗簾縫隙往外窺視街上的人潮。我問她在做什麼？她沒有回頭，淡淡地說「今天有朋友要來荷蘭玩，他們會來紅燈區觀光，碰到他們就糗大了。」

史林姆是一個真正的工作狂，總是忙進忙出，有一段時間我總跟在他後面，在紅燈區的大街小巷穿梭。這條巷子左轉、那條巷子右轉，並和各式各樣的人打招呼。

有一次他指著一位穿黑色皮衣，站在運河邊的男子問我知不知道那是誰？我說不知道。他說：「他是便衣警察！他們每一個我都認識！」史林姆從來不休假，一年工作三百六十四天，只有聖誕節那天休息，因為那是紅燈區唯一沒有客人的一天。他老說他實在太忙了，一定得找人來幫忙，但總是找不到滿意的助手。他常說別的櫥窗仲介都是八點上班，所以他要比別的仲介早一小時，七點上班，因為先把一些瑣事處理好，才能讓之後運作的一天順順利利。

就這樣尾隨著史林姆在紅燈區的大小巷子穿梭數個月後，我認知到在阿姆斯特丹紅燈區內有分成兩個主要的工作區域：一個是巷道區，一個為運河區。在前者工作的性工作者被暱稱為「巷道小姐」（英：Alley Girls），在後者工作的則被暱稱為「運河小姐」（英：Canal Girls）。在老教堂旁邊的聖安妮巷道街區（St.Anne Kwartier）[27]，巷子細細長長的，其中遍布著密密麻麻的櫥窗。在六〇年代時，當時的櫥窗還只露出上半身，女郎的穿著也比較保守，現在則全是落地的玻璃窗，甚至還有設在室內可以跟小姐近距離接觸的櫥窗！「巷道小姐」普遍的收費比運河小姐高，原因是很多本地客人傾向到較隱蔽

27 圍繞著阿姆斯特丹老教堂的老舊街區，以其鄰近建築距離及高密度的櫥窗巷弄著名。

的巷道區找小姐，而不是在光天化日、眾目睽睽下的運河旁邊和小姐談生意。

老教堂旁的聖安妮巷道街區內的細小巷子是彼此垂直交錯的，最窄的巷弄只有六十公分寬，而最寬的巷弄也不會超過三公尺。因為這樣狹窄的空間剛好可以讓小姐跟客人自然地進行互動，也較便於成功的接客。相較於運河的開放性，也較少有街上的遊客對著妳指指點點。但相對來說，也比較沒有禮貌性的距離可以拒絕客人的要求。當成功吸引到客人的興趣後，他們即開始所謂的「牛奶過程」（英：Milking Process），即討價還價協議要做什麼服務的過程。在運河區也是一樣的過程，只不過運河區的小姐可以在幾公尺的距離外就先觀察一下她的客人，如果客人看起來喝醉了又會打人的樣子，她可能會將窗簾拉上，直接拒絕跟這名客人有更多的接觸；但如果客人已經爛醉如泥，她也可能會接客，因為這種客人的錢很好賺。一般來說，一名性工作者在阿姆斯特丹紅燈區承租一個她可以接客的櫥窗，每八小時要付九十至一百八十歐元的櫥窗租金，價格的差異來自地點的熱門程度，當然也跟是白天（客人較少）、還是晚上（客人較多）有關。和一般商業地產邏輯不一樣的是，一般來說商業的地點是越顯眼價值越高，在性產業則是越隱蔽越好。

性工作者可以自行決定她在每一次的服務可以收多少錢，一般來說，每十五分鐘的性服務，收費是五十至一百歐元不等。這一行的高收益讓在紅燈區擁有地產的地主們也獲得很高額的租金收益。一棟櫥窗地產的房子平均擁有三個面向街道的櫥窗，而每個櫥窗每天各有兩輪的早、晚班，所以整個房子一天可以賺進八百歐元的月租金，那麼年租金則有接近三十萬歐元的年收入，折合新臺幣有大約一千萬的收益。

後來史林姆終於聘了一個酒保麥克（Mike）來幫他代早班。這名酒保常常在辦公室大聲地放音樂，例如貝瑞・懷特（英：Barry White），還說那是「製造小孩的音樂」（英：Baby-Making Music）。麥克很壯，一整個手臂的刺青，但是人很放鬆，個性帶點傻氣大男孩的感覺。記得有一次我問酒保，紅燈區裡有一些年紀很大身形非常肥胖的櫥窗小姐，這樣的小姐會有客人嗎？麥克雙手一攤，說荷蘭文裡有一句話叫做「每個罐都有個蓋」（Op ieder potje past een dekseltje），所以不管是怎樣的女人，都有會喜歡她的男人。不過史林姆常常跟我私下抱怨麥克好吃懶做，沒辦法達到他的要求，讓他還得親自把他沒做好的工作再做一次，真是得不償失。有一回我跟著史林姆，約莫清晨六點多在紅燈區走逛，因為他想讓我看看早上時間沒有人在工作的紅燈區樣貌。在一個史林姆經營的櫥窗前，我看到一個年輕人在玻璃櫥窗後面用抹布用力擦著玻璃。史林姆問我：「你知道這個小伙子一天要擦多少櫥窗嘛？」我搖搖頭。史林姆一邊晃動他的雙手，一邊做出了一個誇張的表情，「就是要擦上百個櫥窗啊！」我很驚訝，因為沒有想過支撐著人來人往的霓虹娛樂地景背後，就是一群平凡無奇的勞動者，在一般人不會去造訪紅燈區的時段裡，日復一日地工作著。

在荷蘭紀錄片「紅燈區姐妹花」（Meet the Fokkens）裡，現年七十多歲、從事性工作的路易斯（Louise Fokkens）與馬蒂娜（Martine Fokkens）兩姐妹，每天打扮得整整齊齊，從郊區的住家搭公車到市中心的紅燈區上班。她們年輕的時候，因為在阿姆斯特丹港口當水手的丈夫離家，而擔起了支持一家之計的重任，自此選擇了從事性工作來作為謀生的職業。對她們而言，性工作就是她們的職業，紅燈區就是她們的工作環境，不覺得有什麼低於別人一等的地方。另外，根據社會學家的調查發現，本地人造訪紅燈區過半不是為了性愛，很多時候在各個房間內發生的場景卻是嫖客跟性工作者一起煮食、用餐、聊天、慢舞……變成一種兩人之間很純粹的生活分享，很是浪漫。

二〇一三年，在我訪問過史林姆的三年之後，從新聞上看到史林姆的「玫瑰人生」被政府以涉及非法活動的關係，強迫結束營業了。那時我才知道原來政府早就在調查他。而他會接受我的研究訪談，或許是因為希望我能寫一些關於他的正面新聞。但我從那時起就再也沒有見過史林姆了，所以也沒有機會問他媒體報導的真實性。然而，從二〇〇七到二〇一六年底，阿姆斯特丹政府宣稱希望減少的櫥窗數目一直在下降；到最後，整個計畫宣告中止。從二〇〇七年一開始希望「關掉區內一半數量的櫥窗」、二〇一二年「關掉區內三分之一數量的櫥窗」，到二〇一四年「希望抬升區內的產業形象並打擊犯罪集團的糾結網絡」、二〇一六年「區內的工作將著重在公共空間的改善」，以及二〇二〇年「性工作及性產業本身沒有問題，但是希望能將市中心從來阿姆斯特丹度過瘋狂週末的年輕、頹廢英國男子手中奪回，讓市中心重拾過往另類及充滿活力的居住氛圍。」這種說法上的改變，除了因為收購櫥窗所需的金額龐大，其產權也複雜的難以整合。二〇一六年四月，荷蘭妓運團體「驕傲」（Proud）發動了一場大規模的抗爭，集結了數百位性工作者，上街抗議政府關閉櫥窗危害到她們的工作權益，並且表態說她們從來沒有受到人蛇集團的控制。這是荷蘭近年來由性工作者所發動的最大規模行動，也引發了輿論重新討論的熱潮。史林姆的日常：他和那些性工作者、工人、勞動者，為了生計而每天在玫瑰人生的狹小木階梯上上下下，這畫面非常的鮮明。他是否有參與非法活動呢？我可能永遠都不會知道了。

市中心紅燈區在二〇〇〇年性產業在荷蘭合法化後，櫥窗地產的商業價值開始快速提升，一棟櫥窗地產的交易價格，可以是旁邊一棟普通住宅地產的十倍以上。這樣的競價，讓紅燈區的物業越來越貴。原本的街區小店，也慢慢轉手給紅燈區大戶，開設新的酒吧或是廉價的遊客紀念品店，這讓紅燈區越來越商業化。在國際上，阿姆斯特丹也被聯想為國際人口販賣中心。這樣的名聲跟媒體論述，讓阿姆斯特丹政府開始懷疑合法化究竟有沒有讓娼館的管制更加有效。

根據官方在二〇〇〇年的統計，阿姆斯特丹當時七十萬的人口中有大約一萬名性工作者，其中有三成在有註冊的櫥窗內工作，另三成在娼館工作，有一成在街上拉客，而剩餘的三成則是在網路上拉客，在旅館或是家裡從事性服務。但是這個數字在接下來發生劇烈的變化，在櫥窗工作的小姐越來越少，而在網路拉客的小姐則越來越多。這也讓阿姆斯特丹政府開始質疑合法化是否加速了這樣的現象，因為合法化意味著作為一名性工作者必須註冊，並且定期接受檢查，而很多人為了避免這樣的身分，就往地下化發展，成為不合法的性工作者。另一方面，在荷蘭加入歐盟之後，許多東歐的性工作者來到荷蘭工作，這樣門戶大開的狀態，也讓性工作者的身分越來越難管制。在小姐從娼的意願中，從是完全自主的決定到被迫之間，有很大的灰色地帶，荷蘭政府也更難透過公務系統的管制、或是非政府組織的外展工作之中得知，並且採取適當的協助工作。

我在紅燈區做田野訪談的過程中，有時很難辨別這些性工作者是否如外界所說的受到人蛇集團控制。不過可以肯定的是，不直接受控的小姐比較願意接受我的訪談。我訪談的小姐大部分來自東歐，英文也可以講，到紅燈區工作僅僅是為了賺幾年快錢、撫養小孩或是寄錢回家供養房子等等，她們堅持她們沒有受到任何的控制。但根據媒體的說法，則是有一部分人剛來荷蘭的時候並不知道會從事性工作，以為從貧窮的東歐鄉下到荷蘭可以當模特兒或是保姆；在路程中卻愛上刻意接近她們的皮條客，並會提供部分收益給她們的「男朋友」[28]，直到清醒後才開始擺脫，這樣的過程往往可以

28 很多時候，作為性工作者男朋友，同時也是她的皮條客或是保鑣。

拖個好多年。紅燈區的地主們則急著撇清和小姐之間的關係，他們宣稱只是提供可以租賃的櫥窗，無法控制她們的自由意志。在紅燈區的地主樂於賺如此輕鬆的錢，純粹只是出租櫥窗空間，因為產業群聚的關係，也有專業的管理公司可以幫他們打理櫥窗，及房間的清潔、床單更換等工作，是少數世界上可以透過這樣的地方商業行為建立起來的城市體驗經濟。

究竟紅燈區的縮減是會讓這些性工作者被控制的情況減少？還是會讓她們的工作更加地下化？我比較傾向後者，因為只要是在階級不平等或是資本不平等的情況下，這樣的經濟鏈就會存在。所以我傾向改善性工作者的工作環境，及提供更多合法化的工作空間，可以讓她們在安全、衛生及有保護的狀況下工作。

因為過多的「東歐小姐」來到荷蘭工作，這樣所引發的人口販運爭議，促使阿姆斯特丹政府自二〇〇七年開始推動「聯合專案一〇一二計畫」。市政府花費了數千萬歐元，從市中心紅燈區內一位主要地產大亨手中買下一批女郎櫥窗（大約二十棟街屋住宅，總共包含了約五十個路邊櫥窗），並且停止頒發櫥窗執照，期望藉此縮小市中心的紅燈區範圍，並期許未來能更大幅減少櫥窗數目及大麻店的數量，打破當地色情業與犯罪集團糾結的網絡，改變當地文化與產業結構，以提升阿姆斯特丹市中心的形象。在當年的一些公開場合中，市府官員說明「聯合專案一〇一二計畫」並不是完全消滅市中心的性產業，主要是希望提升阿姆斯特丹市中心的商業類型品質。他們不希望有更多的熱狗店、紀念品店、性電影院、酒吧等，並且說這些店很有可能是人口販賣組織為了洗錢而投資的店面。他們強調希望引進更多的創意產業，有格調和高雅的精品店和餐廳。

在政府宣告「聯合專案一〇一二」的那十年之間，社會輿論的反應非常多元。一開始的幾年，部分民眾支持政府的說法，也認為在紅燈區工作的小姐多數受到來自東歐的人蛇集團控制，認為應該縮減紅燈區的範圍。很多聲音也來自居住在紅燈區的社區居民，他們認為因為紅燈區觀光客過多，晚上流連酒吧的人太多，也有很多喝醉的人在街上打架、鬧事，所以感到很反感。但也有阿姆斯特丹大學的學者表示：如果櫥窗數量縮減，則有更多的性工作會地下化，將造成更加難以保護性工作者。學者提到，二〇〇四年在著名的阿姆斯特丹老南區被謀殺的荷蘭商人威廉・恩斯特拉（Willem Endstra），他被控告設計了很多黑錢洗白的行為（這在阿姆斯特丹是很常見的狀況），他也將大量的錢投資在老南區的高級住宅區，由此可證洗錢的行為不只會發生在紅燈區，因為資金是流動的。

「聯合專案一〇一二計畫」也顯示了阿姆斯特丹政府對於性工作合法化態度的轉變。戰後時期，社會風氣認為性工作合法化是阿姆斯特丹的自由新政之一；但到了二十一世紀，西歐保守風吹起，阿姆斯特丹政府也受到影響，開始鼓吹道德的正當性跟純正性，而不是文化的多樣性跟包容性。

妓權的抗爭

二〇一五年，位於阿姆斯特丹紅燈區的妓權團體「驕傲」策劃了一場大型的示威遊行，號召了近兩百三十位性工作者走上紅燈區的街頭，抗議政府縮減她們的工作空間。她們的示威隊伍步行到市政府，遞交了請願書給當時的市長，說明她們沒有被迫從事性工作，並且強調她們需要這份工作，不希望政府繼續關閉櫥窗。

在「驕傲」的隊伍中，有一位高聲呼喊的小姐叫費利西亞．安娜（Felicia Anna）（她的偽名），她來自羅馬尼亞，還經營她自己的部落格「紅燈區背後：一位真正在阿姆斯特丹紅燈區工作的羅馬尼亞籍性工作者部落格」（英：Behind the Red Light District: A real-life Romanian prostitute working in the Red Light District in Amsterdam.）。

她說因為這個行業常常受到誤解及指點，所以她要利用這個平台公開她所看到的世界。因為我曾經在妓權團體的討論場合遇過她，所以確定是真有其人，而非某個人蛇集團或地主的化身。費利西亞說因為她對羅馬尼亞的生活完全感到失望，覺得那是個沒有希望的地方，所以她跑來阿姆斯特丹，從事這行就是為了錢，錢是她做這份工作的唯一理由。她也認為有一天她會離開，而且當然希望那一天可以早點到來。不過她也承認結束需要一些時間跟決心，因為不是每個行業都可以在一個月內賺進五千至六千歐元（十七萬至二十萬新臺幣）。費利西亞說：「紅燈區真正的問題是酒醉鬧事的人，而不是性工作者們；為什麼街上會有喝醉的人，是因為酒吧被政府規定要早點關門。她說為什麼政府不去捉販毒的人？她非常清楚誰在做這行，但從來沒有看到警察做任何事情。」

人權團體國際特赦組織（英：Amnesty International）㉙曾於二〇一五年宣布，他們支持將成人相互合意的性交易除罪化。在荷蘭，有社會學家稱：合法化的政策源自荷蘭人對城市治理「務實主義」的反映，而不一定完全是因為承認娼妓的工作權。

世界上大部分的國家，性產業仍是非法的；只有一小部分國家，如荷蘭、德國、瑞士、土耳其等，認為性產業是合法的。而有些國家（譬如英國、香港特別行政區等）則選擇了一種法理模式，即承認性工作作為一種工作所以讓性工作除罪化或合法化，但不允許娼館的經營，因為害怕黑社會勢力介入娼館經營及人口買賣的行為出現。

還有一種模式叫做「瑞典模式」，因為瑞典是第一個採用這種制度的國家，所以被命名為瑞典模式。「瑞典模式」也叫做「北歐模式」，他們主張：罰嫖不罰娼，即買春的行為犯法，但是賣春的行為不犯法。這樣的思維起於一九九九年，在非常講究社會福利跟男女平權的瑞典啟用這樣的模式。推動者相信透過減少男性的性慾望，可以進而降低女性從事性工作的人口比例，並且透過國家救濟、再教育等手段，來讓弱勢婦女不需要從事性工作。這樣的法治模式受到超過半數的國民支持，但是反對者卻認為大部分的中產階級民眾並沒有性工作或是買春的經驗，所以這樣的假設並不合理。二〇一八年的紀錄片「沉默控訴」（英：Everything is better than a hooker），記錄了瑞典的年輕媽媽因為受到丈夫的暴力相向並且失業，為支撐生活曾短暫從事性交易賺錢。最後卻因為性工作的汙名而被國家強行奪走孩子的監護權，並寧將監護權判給有明確暴力傾向的丈夫。

在澳洲的新南威爾斯，則因為性病防治等對於衛生條件的重視，再加上立國以來強大的公民意識，讓妓院的管制法令通過，並且可以合法經營妓院。從一九九五年起，新南威爾斯為了避免官員介入性產業並產生貪汙的情況，採「除罪化」來規範性工作

29 為全球性具規模的人權組織。一九六一年其總部成立於倫敦，其主要訴求為停止侵害他人人權的行為。該組織一九七七年曾獲諾貝爾和平獎，一九七八年獲聯合國人權獎。

者。同時，針對娼館的經營，也等同一般產業空間來規範，並需要做「環境影響評估」，及鑑定確保建築內空間的員工安全跟公共衛生。對於娼館的設立地點規劃，主要精神是要在城市內做到「分散化」，盡量不要對性產業產生標籤化的歧視行為。對於站街的行為，執法依據的標準也從「是否可以站街」變成「是否有影響到公眾秩序」。

規劃

性產業的社區衝突

我認識威廉・范・盧分（William van Leuven）的時候，他在阿姆斯特丹市的都市發展局擔任資深規劃師。當時我在執行紅燈區的研究案，他則在都發局裡面的住宅部門工作，負責規劃如何在紅燈區內增加住宅的數量。當時我的研究中發現：紅燈區內，櫥窗地產因為地主希望將一樓櫥窗數量極致化的關係，而將通往樓上的樓梯拆除或是挪位，造成很多樓上的住戶單元閒置的情況。他對這件事很感興趣，透過規劃圈的朋友跟我聯絡，於是我就開始到阿姆斯特丹都發局跟他開會。由於當時的阿姆斯特丹政府對外宣示希望能夠整頓紅燈區，並把櫥窗數量減少；我跟身高近兩百公分、背挺得筆直、戴黑色粗框眼鏡的威廉說明了這件事的困難度：因為櫥窗是一個很賺錢的空間，大量收購會讓政府付出很高代價。這樣的空間收益其實並沒有計算樓上空屋的價值，因為櫥窗之上的樓層常常因為樓下原本銜接街道的樓梯間被犧牲掉了，導致很少有人上樓，使用率自然不高。阿姆斯特丹政府也曾經在二〇〇九年估算過紅燈區大致範圍的城市區域中（郵遞區號一〇一二的範圍內），大約有六百戶左右的二樓以上空間被閒置，這還不包括拿來當作儲藏室的部分。我也指出，樓上的空屋反而是政府可以介入的地方，甚至將一些空屋改建成社會住宅。我當時的提議，和當時政府內的主流論調顯然並不相符。不過威廉一直表示他也不太看好「聯合專案一〇一二」這個計畫會成功，並且對我的研究有興趣多了解。威廉說：過去他在都發局的主要工作是在規劃住宅的分配方式，希望能透過我的研究多了解地方性產業的實際運作狀況。

事實上，除了阿姆斯特丹有過對性空間的合法化爭議外，其實荷蘭的第二大城市鹿特丹也有過一段實驗性的歷史。同為港口城市，早在性工作合法化前的七〇年代，鹿特丹市就有卡天瑞特（Katendrecht）海濱區的居民抗議過存在街區內的娼館。當時鹿特丹市政府採用了嚴厲的手法來管制當地的娼館，譬如禁止它們在白天營業、縮減娼館數量等等。後來，市政府採用進一步的強制手段，將街區內的娼館移至非住宅區，然後著手進行一項名為「愛神中心」（Eros Centre）的計畫，也就是設計建造一艘能夠容納四百個床位的大船（因為當時性工作在荷蘭尚未被合法化，在船上進行性交易可以解套），讓性工作者進駐，並計畫將船停泊在鹿特丹南邊的舊港務大樓（Oud Poortgebouw）旁的港邊。當時的娼館小姐們和市民因為這樣產生了奇異的結盟關係，並且阻止了這個計畫的實現。因為小姐們認為將性產業搬到眾目睽睽的地點，會招不到客人；而反對的市民們則認為政府這項計畫——要在這個當時全世界最忙碌的港口設立一艘「紅燈船」，簡直是丟盡鹿特丹市的臉。因為反對者的聲音，這個計畫遭到擱置，到了八〇年代最終遭到取消。

威廉說，以前在阿姆斯特丹也曾試圖將紅燈區引導至市郊、人煙較稀少的地方，像是沿著西邊貨櫃區的泰晤士路（Theemsweg）一帶。在全荷蘭從事性工作的人之中，大約有百分之五至十是在街上做生意，她們之中很多是從東歐來的、有毒癮的或是年紀較大的。那時的合法化執行脈絡起源於七〇、八〇年代，當時有很多吸食海洛因的性工作者會在街上接客，造成市區內居民的困擾，於是當時的政府決定在較偏僻的地方開闢合法的「站街區」（Tippelzone）。在二〇〇〇年荷蘭將性交易的空間合法化後，櫥窗業者必須更加小心謹慎去檢核在其空間內工作的小姐的身分跟健康狀態，這讓沒有身分或是已經有毒癮的人，被迫到街上工作，因為這樣就不需要被檢查身分。合法化的「站街區」，會提供防範性病傳染的醫療措施跟宣導的專區概念，約於八〇年代末九〇年代初開始在荷蘭各大城市測試。站街區通常會提供一個一個車子可以載走小姐的街道配置，有點像是一個停車場的概念，也會有一個叫做「客廳」的空間，供小姐們休息，或是當有健康檢查人員到場時可以進行檢查。在二〇〇〇年初，根據市政府的調查，這些合法的站街區並沒有讓在市中心區非法站街的小姐減少，原因是在市中心有毒癮的小姐還是比較容易取得毒品，所以她們不一定會去偏遠的泰晤士路站街區。另外，因為站街區的小姐聚集的越來越多，市政府也必須派出越來越多的警力，這造成政府的維持成本大幅度提高；尤其小姐的營業時間很晚，往往會到凌晨，而夜班的警力也比較貴。到了二〇〇三年左右，越來越多的社會輿論對此專區反感，也懷疑這樣的合法區會不會吸引更多落後國家的性工作者來到荷蘭工作（即使她們本來沒有這樣的意願），於是政府在種種考量的評估下，決定終結站街區的政策。在接下來的幾年內，鹿特丹、海牙與阿姆斯特丹，都陸續關閉了站街區，目前安特衛芬市也在考慮要關閉站街區，當地政府估計每年需要花費兩百萬歐元來維持，這讓他們不太願意再負擔這樣的開銷。

但當紅燈區必須被重新規劃，部分或是全盤的重整，又有什麼空間企劃可以取代性產業？這是一個有點困難的題目。因為在荷蘭將娼館合法化後，櫥窗可以自由買賣，逐漸變成昂貴的地產。如果部分櫥窗必須淨空改建，政府通常想到的是餐飲類的空間企劃，因為餐飲類可以創造較高的租金收益，去平衡之前因為高價收購櫥窗而造成的財務虧損。然而餐飲業卻會讓紅燈區的遊客更多，並不能改善紅燈區街道上遊客過多的問題。又事實上，餐廳時常將戶外座椅擺出來，讓客人坐在街邊曬太陽、喝啤酒，但是坐在街邊的客人反而會讓買春的客人不敢靠近櫥窗，因為他們會被大家盯著看而感到不好意思。另一個改建的可能性，是將櫥窗地產還原成住宅，就像這些空間以前的樣子一樣。但就算是改成高級住宅，每一棟房子的價值都還是遠比櫥窗地產的房地產價值低，且如果同一個街廓仍有數戶的紅燈戶存在，附近的地產商也很難將這些改建的房地產商品順利售出。

試著想想：紅燈區變成一個高級住宅區，這樣好嗎？一個從十三世紀以來就散落著櫥窗的城市小區，轉變成跟一個平凡的歐洲城市的市中心一樣單調乏味，每天等著鐘樓敲出聲響。但是如果櫥窗數目不減少，以櫥窗地主的財力，他們可以輕而易舉去收購更多的老城區地產。如果無法向市府申請到櫥窗的營業執照，他們也可以將這些地產改成酒吧或是速食餐飲店，這樣會讓市中心的街道環境更差。這樣的城市更新過程是很敏感而且難以管控的，將遠遠超過阿姆斯特丹政府可以多元管控的能力，也不是一般社區組織可以統合的，因為這樣的都市重建過程意見非常多元，甚至是互相衝突。

小城鎮的紅燈區

在二〇一五年末，我協助來自臺灣的性工作者人權組織到荷蘭進行約莫一週的國際妓權組織的交流活動。因為這趟交流，我請教威廉能否做些協助，他表示很歡迎來自臺灣的參訪，但是由於他主要從事的是空間規劃的工作，所以他也自承無法回應所有關於性工作制度的問題。因此，威廉幫我們和 P&G292 及阿姆斯特丹市政局（荷：Gemeente Amsterdam／英：Amsterdam City Council）約訪，並且也和我們一同去 P&G 參訪。那的確是一場跨越性別、種族及階級的會面。P&G292 是由民間營運的 NGO 組織和阿姆斯特丹市政府的衛生單位合組的機構，約訪當天，除了 P&G 的負責人，我們也邀請了阿姆斯特丹市府負責制定性工作政策的公務員一同參與討論。

P&G292 在二〇〇八年成立，幾乎也是一〇一二計畫發動的時候。主要進行的有四大工作：性工作者入行與離開的諮詢（提供各種類型的性工作諮詢）、健康（包括性病、懷孕等各種）、身心壓力、財務。每個月進行兩次外展工作，外展時會由警察陪同。只要是合法工作的性工作者，都有義務在P&G到訪時要開門，這個是明訂在性工作者的工作規定當中的。如果小姐想要轉業，第一個階段，P&G會先花三個月左右的時間，去了解這個性工作者，包括工作類型和專長。第二階段才是開始媒合適合的工作或課程，也可能安排公司的實習機會給性工作者。臺灣的性工作者在參訪過程中，感到非常訝異及氣憤，問我為什麼荷蘭政府會願意花資源和力氣去照顧好這些小眾和弱勢的人，說臺灣和荷蘭比，簡直是「一丈差九尺」（臺語）。威廉看到臺灣性工作者的反應有點訝異，說：「政府不就是該保護弱勢的人嗎？」我們接著討論到，在荷蘭，「犯罪防治」（荷：Misdaad Preventie／英：Crime Prevention）的意思是如何避免性工作者受到傷害，而在臺灣的意思則可能比較接近是「如何不讓社區受到小姐及其附帶的性產業鏈的傷害」。

威廉也問我臺灣政府針對性工作的管制是怎麼樣進行的？當他聽說臺灣的中央政府雖然對性專區有合法化的政策，然而到目前為止，沒有地方政府願意承擔並且劃設後，威廉立刻拿起了紙和筆，問：「那我們應該要如何規劃呢？合法化了之後，不就是就要開始討論怎樣規劃嗎？」我看著這名政府體制內的資深規劃師，似乎對他來說，性專區的規劃跟住宅區的規劃差不多的感覺。我笑著問威廉，在他成長的過程中，其男性朋友之間會不會討論買春的經驗，他說他是真的沒有聽過，至少在他的朋友圈內會說紅燈區就是為了賺取觀光客的錢。他有點半開玩笑地說：「在荷蘭，因為大家都鑾節儉的關係，如果男人去買春，會被恥笑說一定是搞不定女人。」威廉接著說：「性還需要花錢買嗎？」（荷：Waarom betalen voor seks?／英：Why pay for sex?）

在阿姆斯特丹往西約十五分鐘火車車程的哈林市，也有一個位於市中心的小紅燈區，這個中產階級小鎮的市中心大約有四十個櫥窗。哈林市的紅燈區模式並不像阿姆斯特丹這麼明顯，大多隱藏在住宅大樓的地面層內，並有集中的出入口。一棟有櫥窗的大樓叫做「大門」（Poortje），由入口進入後有一個維多利亞式的花園，櫥窗則是圍繞著這個花園，入內需要先到投幣機付兩歐元，這樣的好處是並不會有太多只是白看的客戶去困擾小姐。另一棟櫥窗大樓叫做「紅燈籠」（De Rode Lantaarn），則是由一個統一的出入口進入後，經過一條黑暗的走廊，兩邊共有七個櫥窗，所以不會讓小姐直接在馬路上曝光。在阿姆斯特丹工作的小姐曾經跟我說過，在「大門」工作其實不錯，因為要進來的客人都得先給兩歐元，這樣就先篩掉很多只看不買的客人。

在阿姆斯特丹新水管區也有一個小型的紅燈區，這個於十九世紀末形成的工人住宅區，在這二十年形成了一個相對成功、並沒有造成居民太大困擾的紅燈區。一九八〇年代，阿姆斯特丹在針對這些十九世紀末的工人住宅區進行都市重建時，採納了性產業業者的觀點：當時政府同意將二十個舊櫥窗挪到沿著魯斯代爾大道（De

Ruysdaelkade）的社會住宅大樓的地面層及二樓中。沿著水岸因為有雙排路邊停車，還有沿著水岸的步道空間，剛好可以讓客人不會太曝光，因為車輛及樹木可以起到遮蔽客人的效果。客人喜歡若有似無的偷窺櫥窗裡的小姐。也因為水岸街道的路寬足夠，使得較高的建築立面仍可以被看見，所以進一步讓二樓甚至三樓都可以裝修成櫥窗，並且享有足夠的曝光度。不過，一進到這棟社會住宅樓的內部中庭時則非常安靜，也可以看到小孩在玩耍，和外面沿著水岸的紅燈戶立面氣氛迥然不同。聽說這裡的住戶不會太抱怨駐足於紅燈戶前的客人，不過這幾年的確也有人群聚集越來越多的趨勢。

在與臺灣的性工作者人權組織參訪完各類型的紅燈區後，有一位較資深的性工作者提出針對市中心的紅燈區建議：紅燈區應該設置進出的實體邊界跟收費機制，譬如每位進入區域的觀光客都必須收費兩歐元，這樣就可以避免一堆人跑來看「免錢的」，解決目前街道人流過多的問題，而政府也可以因此獲得收益。這位性工作者也認為新水管區跟哈林市的小型紅燈區，跟社區的結合度較佳，也較為隱蔽，不會引起太多的觀光人潮帶來跟社區衝突的矛盾。性工作者之間彼此認識，有需要時可以互相當起吹哨人，通知警方來處理衝突，是她認為比較理想的模式。

其實那一年，政府也曾提出由性工作者自行營運的娼館計畫，由政府提供「廉租型」的閒置街屋，捨棄收割性工作利潤的地主跟櫥窗仲介，保障性工作者不但是個個體戶，還能成為娼館老闆，經營性產業。不過來自臺灣的性工作者卻表示：「應該不太可行，一百個小姐可能只有一位有生意頭腦，大部分人都自顧不暇了。做這行就是要解決當前生活上的困難，能承擔商業風險的人不多。政府會不會想太多啊！」

荷蘭川普

在執行荷蘭國家建築基金會規劃案研究的後期，我們以舊教堂南邊（OudeKerk，為阿姆斯特丹最老的教堂）的聖安妮街區為例——舊教堂南邊為阿姆斯特丹市政府撤清櫥窗的主要目標區域之一。這邊有幾位擁有數棟櫥窗地產的大地主。對一個平均手上有十棟地產的地主來說，一年可從櫥窗生意獲有高達二百七十萬歐元（約為一億元新臺幣）的收益。高額的獲利，讓地主不肯輕易出賣產權。因此，除了因為要撤離全部櫥窗可能會導致的長期無果的政商周旋外，由於收購及改建所需資金龐大，市政府必須仰賴建設公司引進高級住宅的投資，但只要一戶經營櫥窗的地主不肯撤走，極度考究整體環境品質的高級住宅開發案就不可能進行，所以此區的更新計畫，一直未能如期進行。

在那時的收購行動之中，市政府與地方住宅法人「NV城市資產」（NV Stadsgoed）㉚合作融資，逐步協商併購紅燈區的櫥窗地產，並將之轉化為其他「正常」的商店，慢慢改變阿姆斯特丹老城區的形象。但這樣的行動卻所費不貲，因為櫥窗地產的市價太高（是一般同區域內房地產的十倍價格），導致後來住宅法人NV城市資產瀕臨破產的結局。

我在二〇〇九年透過熟識的阿姆斯特丹大學教授牽線，訪談了當時住宅法人NV城市資產的老闆——羅納德．威格斯（Ronald Wiggers）。這位阿姆斯特丹大學畢業，身材高大、五官銳利、英氣十足的住宅法人老闆在他的辦公室接見了我。當他聽說了我的來意後，直接指著我背後牆上掛著的一面小小紅色塑膠招牌說：「妳看，這就是從我收購的櫥窗上拆下來的第一扇招牌，我把它掛在辦公室的牆上作為紀念。」羅納德接著跟我介紹，他的住宅法人多年來一直在協助市中心舊房子的收購和改建。「很多市中心的房子都閒置了二、三十年以上，我們將這些產權收購後，盡量恢復它的歷史立面，然後再售出。」在紅燈區隔壁，靠近阿姆斯特丹中國城的僑德仕街就曾經被櫥窗占滿，後來在九〇年代被NV城市資產逐一收購後，逐漸改建成住宅再售出。「不過這是一個很艱辛的過程，一戶一戶收購跟改造花費了我們巨大的功夫。」羅納德說。

我跟羅納德說，我在網路上研究過他，並且看了很多他的新聞。我告訴他：「你之於阿姆斯特丹，對我來說就像川普（英：Trump）之於紐約。」哈！哈！哈！羅納德大笑說：「你知道副市長洛德韋克．阿舍（英：Loderwijk Assher）在他的新書中有寫到我，他形容我是可以跟魔鬼打交道的人。」我大笑。他接著說：「但是我聽到時不是很高興，因為雖然我常跟罪犯打交道，但我不想跟地下世界有過多的牽扯。幾年前我和市政府合作買了二十二棟房子，總共五十個櫥窗被我關了起來！整治紅燈區就該趁現在，現在就是百年難得一見的機會！」。

我和羅納德說明了我們的紅燈區改造的兩個提案構想：

第一個想法為利用亞洲相當普遍的「住商辦綜合大樓」概念，引進複合性空間使用，可以保留紅燈區原本的文化，又可有效運用閒置的空間。藉由引入新的客流、使用者，讓當地文化更多元，並可提供二十四小時全天候的經濟效應。與其採行將大量櫥窗強制清空之手段，因而造成長期無果的政商周旋，不如用複合性空間利用之方式，隔離紅燈區建築上層及底層之空間，如此一來，底層櫥窗可以保留繼續運作，上層空間則可以打通，規劃為文化類中小型企業的辦公空間，進行結合餐廳、舞廳、文藝展

30 為阿姆斯特丹老城區活躍的住宅法人，常和政府合作收購破舊的老屋，修繕後徵收為社會住宅再作物業管理。

覽的公共零空間規劃。兩邊的客流可以被完全隔絕開來，互不影響，但在經過特別設計的地點，雙方又可以互相觀望，形成特殊的空間效果。而樓下的櫥窗生意，也可以照常經營，甚至會因為增加的人流而享受更高的獲益。

「這可能有點困難，」我說得天花亂墜時，卻被羅納德直接打斷。「在荷蘭我們不習慣樓上經濟，很少人會爬上樓購物，大家還是習慣在一樓進行公共活動——在街邊。」看著我被打斷後的呆滯神情，他接著說「就算樓上是大型展演、娛樂、愛情旅館或是三溫暖這種在亞洲流行的室內活動，你也需要一個可以把這個街區樓上空間全部頂下來長期經營的特殊業者，而且還需要品牌效應才能把足夠的人流引到樓上。」

「但這個街廓很隱蔽，很適合櫥窗女郎的生意啊。」我沒有放棄。

「櫥窗地主們不會同意的，」羅納德更加直接，「他們怎麼可能會將樓上賣或租給政府，然後有多一個在他頭上監視他的人」，羅納德哈哈大笑。

眼看著這個對話有點進行不下去，我接著說了第二個構想。

第二個構想則是建議市政府，與其花大量的金額收購每個紅燈戶位於地面層的櫥窗，還不如跟紅燈區的大老們進行產權交換，將部分的櫥窗集中在幾棟相鄰近的房屋內。透過彼此的室內和不同樓層間的串聯，就可以將不少的櫥窗集中在一起管理，並擁有單一出入口。這樣一來就可以大幅度地減少沿街面的櫥窗數量，讓市中心的街道更加適合社區生活，而不會被觀光客塞爆。

「這個方案很可行，」羅納德跳起來，「這個方式沒有影響到櫥窗地主們的生意，搞不好還能賺更多，他們一定會喜歡；而且會願意跟我們談判。」他的聲音越來越急促。

「我……我……很高興你喜歡……」我有點難為情的說。

「讓我來引介你認識聯合專案一〇一二的總執行長——皮耶・羅德桑（Pierre van Russom）」，羅納德迅速拿起他的行事曆開始安排時間……

因為羅納德的引介，我和聯合專案一〇一二的總執行長皮耶．羅德桑及他的幕僚，在阿姆斯特丹市政府的小型會議間內進行了三十分鐘的會議。跟羅納德的反應一樣，他也認為方案一不可行，但是方案二可行性很高，「但是我們得說服社會局、警察局、衛生局、消防局、觀光局，還有阿姆斯特丹市古蹟及考古中心……」皮耶跟我眨眨眼。

我看著皮耶和他的幕僚從會議室走出去，心裡想著身高不算高的他感覺不像是純種的荷蘭人，年齡大約介於五十五至六十歲之間，帶著點義大利或是西班牙血統的英俊五官，灰白捲髮、皮膚黝黑、容光煥發、一雙大眼帶著笑意，不但沒打領帶還把襯衫的領口翻到西裝外套外面，舉手投足之間不疾不徐、氣場十足，讓人忍不住聯想到好萊塢電影明星喬治．克隆尼（英：George Clooney）。

三週後，我坐在阿姆斯特丹市中央行政區政府的辦公室隔間內，面對我的是一個中央橡木橢圓形的會議桌，桌子的另一邊坐著皮耶及兩名幕僚，另外還有社會局、警察局、衛生局、消防局、觀光局、阿姆斯特丹市古蹟及考古中心的政府官員。皮耶站了起來，向其他單位的官員說明了今天會議的原委後，就請我開始介紹我們的研究發現，以及規劃方案。

我清了清喉嚨，頗為緊張的先用荷蘭文自我介紹跟說明研究規劃案的啟動背景後，就切換成較為順口的英文開始報告。二十分鐘過後，我開始總結：

「建議政府與其花大量的金額收購每個紅燈戶位於地面層的櫥窗，不如跟紅燈區的大老們進行產權交換，將部分的櫥窗集中在幾棟相鄰近的房屋內，透過彼此的室內和不同樓層間的串聯，就可以將不少的櫥窗集中在一起管理，並擁有單一出入口，這樣一來就可以大幅度減少沿街面的櫥窗數量，讓市中心的街道更加適合社區生活，而不會被觀光客塞爆。」

我很緊張，但故作冷靜地完成簡報。

「謝謝 Cheng（指的是作者的姓，即「鄭」的意思）的簡報，我想讓各位同仁知道，有一個這樣的模式可以改造紅燈區，它帶點商業、也可以跟紅燈區的文化結合，務實地解決櫥窗數量的財務計算，我想請大家發表意見。」皮耶說。

觀光局的官員首先發難：

「我覺得蠻有趣的，這是一個很新穎的改造手法，不過我不太確定是否適合在老運河選點落實。我覺得設立在這條街上有點太隱蔽了，而且如果一樓不是櫥窗的話，觀光客應該找不到位置。這樣的話，觀光客就減少了。」

此時大家的表情都有一點難以琢磨，皮耶的幕僚緊接著說：「我覺得不會啊，如果一樓可以引進一些相關的展覽跟事件，像是同志派對等有主題性的活動，那就很容易吸引觀光客到附近，然後再透過視覺系統，引導他們上樓。」

「這想法對我來說蠻新奇的，不過這幾棟老運河上的物業都是櫥窗地主B跟櫥窗地主C的㉛，他們兩人都惡名昭彰，如果櫥窗變得不公開，活動都聚集在二樓而且大眾看不見，我真的不太確定他們會怎樣對那些女人……」警察局的官員說得很直接。

皮耶立馬回應警察局的官員：「嗯，我想，在建築的設計上、管理技術跟使用者的安全上，我們都可以克服，這是下一階段的事情。今天我請大家來，主要是先初步聊聊，這個方案在解決紅燈區整體都市問題的積極性。」

「我很驚訝聽到這樣的簡報內容，新穎是新穎，不過我試問大家這樣的紅燈區哪裡有提升？哪個面向有提升？把性工作者通通裝在一棟黑暗的建築內，好像是一個妓寨一樣，在道德層面上真的難以讓人接受！」

說話的官員是一名年長女性，在稍晚的會議進程中，我被告知她來自社會局。

「我有同感，原本紅燈區地面層的櫥窗都很開放，跟街道的互動性很強，透過櫥窗我們大概都知道後面發生什麼事。如果把性工作集中並且垂直化……嗯，或許吧！地主們會願意討論，但是這樣又如何？這是我們想要的嗎？一個垂直化的妓寨在紅燈區裡嗎？我覺得作為政府的我們沒有創造公共性，這點很可惜。」觀光局的官員說。

「只要三個運河街屋我們就可以讓紅燈區的問題有一個財務上的解決方案！」皮耶稍微焦躁了起來：「我認為垂直化的混合是好的，公共性是可以透過後續建築設計手法解決的，譬如：我們也可以在頂樓做一個高空餐廳或是酒吧。」

阿姆斯特丹市古蹟及考古中心的官員看起來溫文儒雅，他看到此時空氣有點凝結，場面似乎有點尷尬，緩緩地發話了：

「顯然我們的紅燈區有很多問題，當然這些問題沒有一個完美的單一解法。不過在我看來，雖然我也同意這名建築規劃師的方案可以幫紅燈區找出路，不過要貫通三棟運河街屋真的不容易，大家都知道老城區都隸屬於聯合國的世界文化遺產，一般的旅館或是文化機構想要打通街屋都非常困難了，更何況破壞它們是為了創造一個娼

31 基於隱私性跟作者的安全性，本書不公開櫥窗地主的姓名。

館，這在議會裡是很難被通過的。」

我在一陣混亂的荷蘭語討論聲中，用不怎麼樣的荷蘭語試圖為我的方案平反：

「我想再幫大家補充一下：安特惠普歷史中的紅燈區也曾經比較大。但是九〇年代末一段特殊的時代背景下，在一群女性主義政治人物的帶領及社區居民的支持下，將紅燈區的範圍縮小。在一個街廓內興建了一棟專門的紅燈大樓，將櫥窗的配置垂直化，並進行集中管理。其在城市區域內縮小的情況下，垂直化的大樓卻提供了比之前更多的工作櫥窗，也成功地將整體街區縮小。」

桌子對面有一兩個官員點點頭，不過社會局的女性官員卻瞪著我看。

「去跟民眾協調這些是政治人物的事情，作為市政府的事務官，我們應該優先專注在提供具體的方案，」皮耶說，「不過我可以理解大家有不同的觀點跟擔憂，先做初步的交流的確是我今天的目的。」

這時皮耶的幕僚走過來低下頭來在我耳邊說，「謝謝妳的報告，今天先這樣就可以了，我們後續還有其他議題要討論。」我點點頭，開始收拾筆記本及錄音筆。這時皮耶也向我走來，他很有禮貌地跟我握手致意，微笑著，不過沒有多說什麼。

二〇一一年初，我們透過荷蘭國家建築基金會向阿姆斯特丹市政府都市重建項目管理局（Project Management Bureau）呈報了研究規劃成果。二〇一二年中，我們提出的方案被阿姆斯特丹市都市重建項目管理局納入了「紅燈區櫥窗樓上閒置空間的使用可能性報告」(Nieuwe functies in lege gebouwen)之中，市政府認為方案二可行。但是仍有一個困難點，那就是市中心的運河街屋，都已經被聯合國文教組織列為世界文化資產。將這些年齡有幾百歲的運河街屋彼此打通串聯，「目前還沒有政治人物肯為這個方案背書去議會提案。」跟我較為熟識的威廉在一個非正式場合向我透露。

不過，市政府採納了我們提出的「跟紅燈區地主交換櫥窗並作集中性的管理」以及「櫥窗垂直化管理」的都市重建思維，去取代一開始使用的強硬手段，即「重金收購櫥窗地產並且完全抹平的都市重建思維」，並且在後續幾年的發展中，取得了一些突破性的進展。

都市重建的難題

近二十年來，世界上很多大城市因為城市擴張的壓力，使得發展的注意力又回到了舊市中心，所以就會遇上需將紅燈區改建、拆除或是縮小範圍等都市重建層面的問題。在亞洲，無論臺北、東京、首爾、香港及東莞也都有面臨這樣的情況。東京為了舉辦二〇二〇年的東京奧運，關閉了銀座區的很多酒店，取而代之的是更多提供遊客住宿的高級旅館。首爾則在這些年逐漸清除「清凉里」（英：Cheongnyangni）車站後方的「清凉里五八八」（英：Cheongnyangni 588）歷史紅燈區。在「清凉里五八八」過去的歷史中，曾經同時提供一千個工作櫥窗給首爾的性工作者們，這些拆除過程，遭到當地性工作群體很強烈的反彈跟抗議。二〇一一年，東莞政府也在一場大規模的掃黃行動中，關閉了超過兩千家酒店、三溫暖及按摩店，造成超過五十萬人的失業，除了性工作者之外，還有很多相關的附屬產業及在其內工作的小老百姓，包括從事餐飲業、交通業、美容業等的人們，甚至計程車司機，這是當初掃蕩工作時所沒有想到過的。這也使得東莞市經濟一落千丈，需要再重新建構更多新的工作機會才能讓城市再生。而在西歐的城市，譬如阿姆斯特丹、安特惠普、倫敦等等，在過去十年間也都嘗試著縮小紅燈區，在將舊娼館拆掉後重新興建大樓，去迎合更多的觀光客、住宅需求或是城市行銷等相關產業。除了阿姆斯特丹跟安特惠普，倫敦在二〇一三年也關閉了蘇活區的二十二家娼館，警方的說法是因為有黑社會勢力介入娼館的經營。

二〇一九年，新的阿姆斯特丹市長由綠黨的費姆克・哈爾塞馬（Femke Halsema）擔任，她也是阿姆斯特丹歷史上第一位女性市長。費姆克公開在荷蘭媒體上表示，對紅燈區整治這樣的道德難題感到很猶豫，一方面從歷史的角度來看，阿姆斯特丹很難完全泯除性產業及櫥窗；另一方面，如果阿姆斯特丹繼續維持這樣的形象，則更多的東歐人口販子會直接或間接的引入更多性工作者，其中也會包含本來並不想從事性工作的小姐。不過，這樣的狀況是不是當阿姆斯特丹擺脫這樣的形象後就不會發生呢？雖然她也承認性產業及每日湧進的觀光人潮為城市帶來了大量的收益，但是在道德層面上她也表態陷入兩難。我想這又再度證明了阿姆斯特丹作為一座自由主義之都的道德困境吧！

又或是，因為大部分性工作者對於她們的工作難以啟齒，回應主流社會的方式不夠自由而直接，缺乏了當事人的發聲及抗爭，就變成一個當事人缺席下，其他利益相關人（政府、建設公司、紅燈區大老等等）之間的空間權力之爭呢？從市政府於新市長上任後的市政指導方針報告書看來，新的市中心發展政策已經逐漸轉向改善街區的步行環境、酒吧及餐廳的夜間噪音控管，以及街頭偷竊行為的治理。幾乎沒有隻字片語提到縮減紅燈區及關閉櫥窗的政策了，可能是收購地產的費用太過昂貴，又或是合法化的政策脈絡下，性產業仍有公開掛牌營業的正當性。又或是逐一收購櫥窗地產再改建的過程太難執行，超越市政府及住宅法人的財力及行使法律的公權力。

二〇二二年末，市長費姆克宣布將會用三個新的「新紅燈區」的地點提案去興建一個垂直化、集中管理的「性專區」複合型大樓，三個地點的其一，可能位於北阿姆斯特丹的 NDSM 港邊碼頭㉜，其二及其三則可能位於南阿姆斯特丹尚未成型的南軸辦公金融區市郊周邊。費姆克說公布這三個可能地點的原因，是可以讓市民參與市政的討論，若能選出一個大家都覺得合適的方案，則政府可以出土地，由建設公司出錢來興建並且營運管理，將剩下的兩百四十九戶紅燈櫥窗中的一百戶遷至新的「性專區」複合型大樓，紓解市中心老紅燈區的人潮。在市政府公布的空間效果圖中可以看到，「性專區」複合型大樓內的櫥窗位於頂樓數層，下方則增加了電影院、譚崔瑜珈（英：Tantric Yoga）㉝教室、同志劇場、性學講堂等等。費姆克說她腦海中的性大樓是像法國的「紅磨坊」（法：Moulin rouge）那樣，是大家下班後可以去放鬆的地方，帶點優雅的文化氣息，不純然粗俗的地方。

基督教民主黨（英：Christian Democrats）仍然表示反對，覺得這是一個瘋狂的政策。他們表態認為這樣大張旗鼓的宣揚性產業也未免太誇張了，市政府竟然將性產業當成一個「迪士尼」來經營。代表勞工權益的D66黨則說，這樣的政策完全沒有解決在市中心櫥窗內工作的小姐們的困境，新的「性專區」複合型大樓將提供的是過高的櫥窗租金跟中產化的經營模式，會使得年老的小姐們租不起櫥窗、被產業淘汰，失去工作權的保障。妓權團體PIC則表態，說這樣的集中化管理將使得性工作者及嫖客被標籤化，無法與舊城區混雜的產業及社區調合，性產業應該是生活的一部分，而不該被推擠到城市的郊區——那些看不到的地方。

從二〇〇七年開始公布「聯合專案一〇一二計畫」以來，到十五年後的今天，阿姆斯特丹仍在老城紅燈區轉型的過程中。新的提案仍然試圖解決問題，紅燈區會不會遷移去郊區？還是會像海恩預估的「亂些年一切又恢復常態」？但是至少，意見完全

32 位於IJ灣西北側的北阿姆斯特丹造船工業區。近二十年來在政府及地方人士的推動下，已逐漸轉變成藝術家聚落及文化工廠區，定期也會舉辦大型的音樂祭或是二手市場。

33 為印度的一個教派，主張縱欲享樂，相信性愛可以激發人類的創造力，並讓身體及精神都能獲得解放。譚崔瑜珈一般指的是能激起性慾及能量的瑜珈類型。

相左的各方開始有了對話。更棒的是，一般市民也漸漸地開始參與這個充滿了性別及勞資爭議的人權進程。

第三部

社會性重建

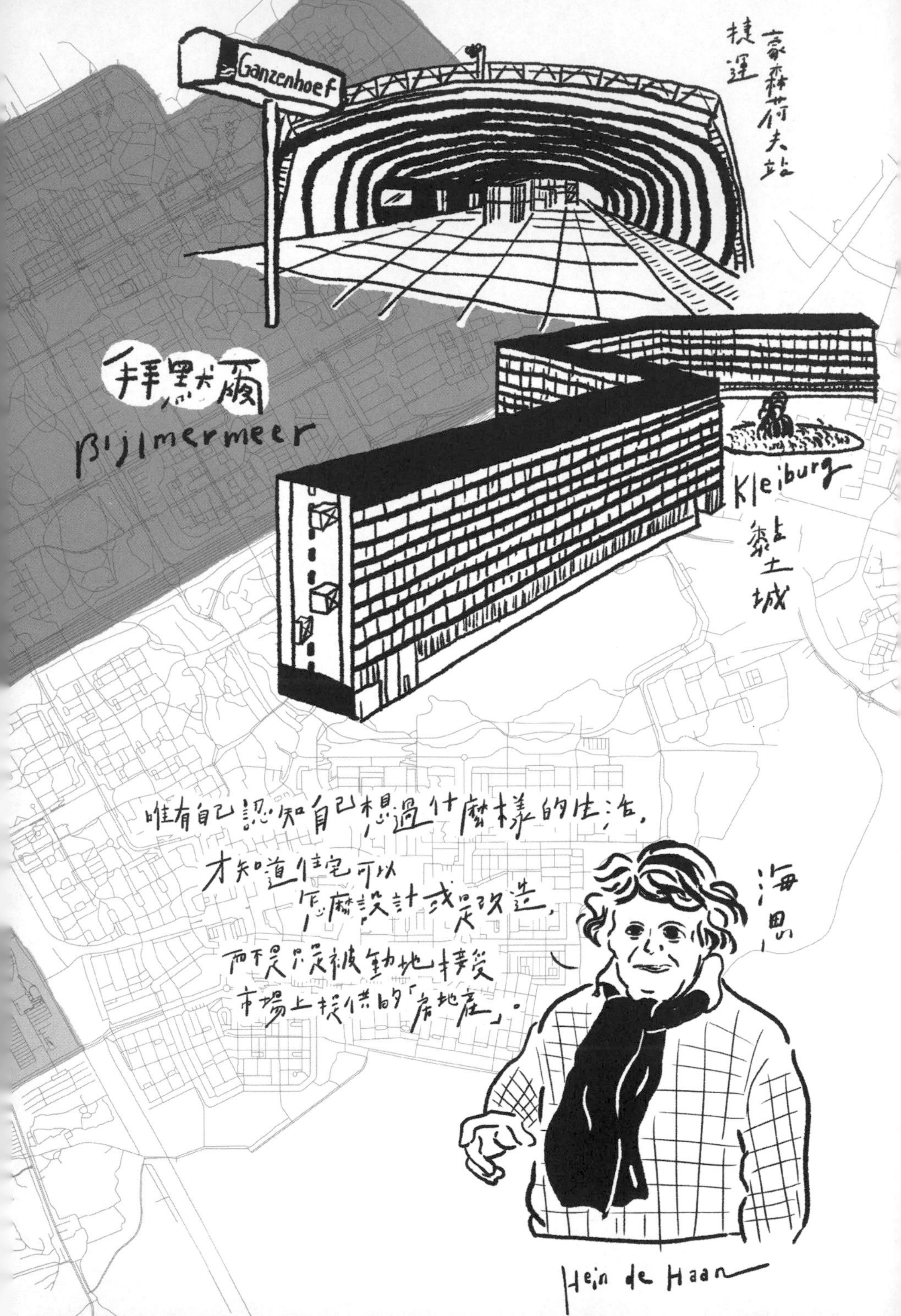
Ganzenhoef
捷運豪森荷夫站
拜默爾
Bijlmermeer
Kleiburg
黏土城
唯有自己認知自己想過什麼樣的生活，
才知道住宅可以
怎麼設計或是改造，
而不是只是被動地接受
市場上提供的「房地產」。
海恩
Hein de Haan

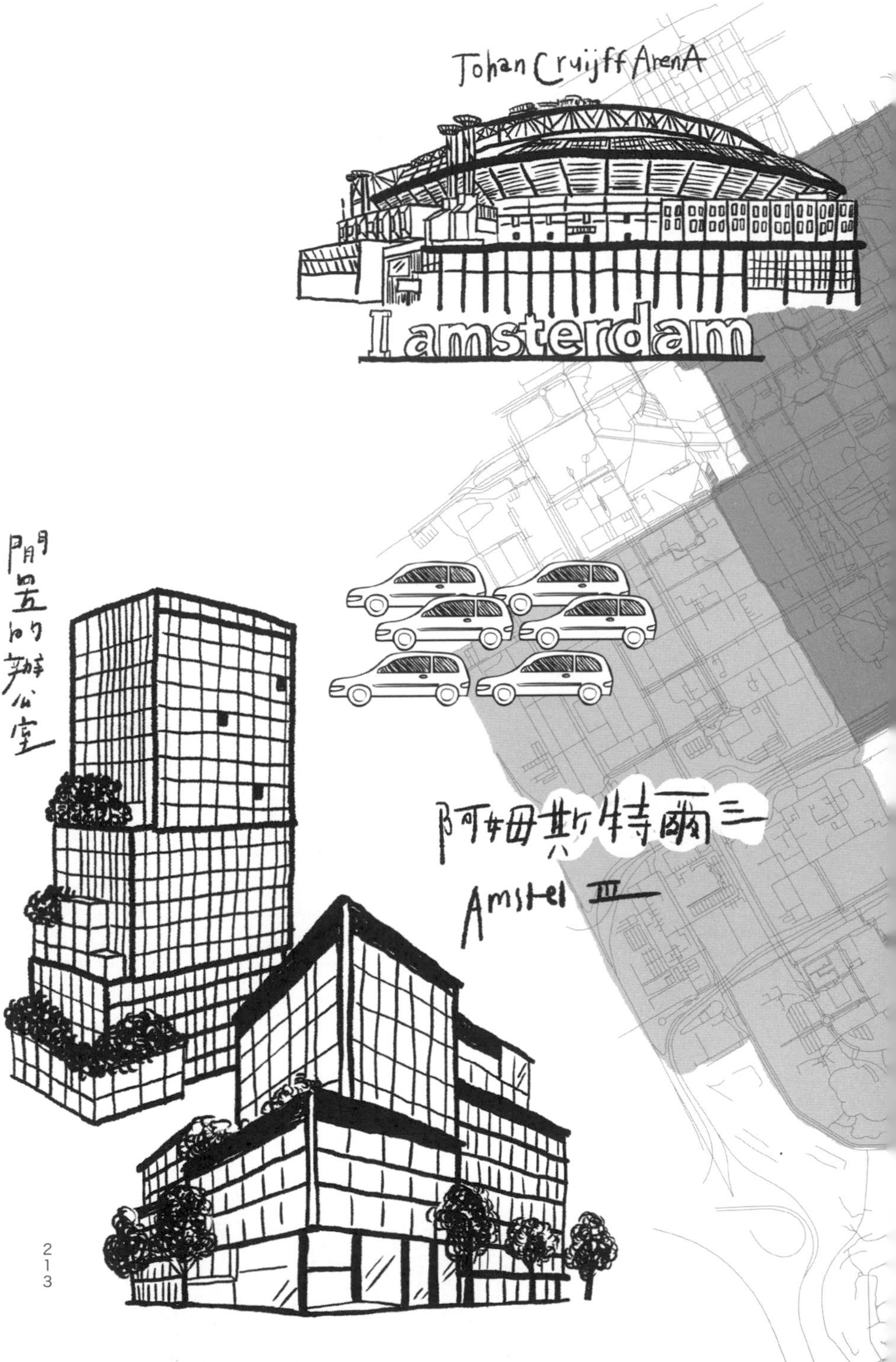
Johan Cruijff ArenA
I amsterdam
阿姆斯特爾三
Amstel III

已開發國家的鬼城

荷蘭的鬼城

自從認識海恩以後，我很常去他在艾堡島①上與社區合建的自由社區找他，請教各種空間規劃上以及荷蘭規劃法令上的問題。在紅燈區的規劃案告一段落之後，我正在尋找一個新的都市議題，也因為紅燈區的案子做太久了，想要投入一個新的規劃案，

1 為阿姆斯特丹艾湖（IJmeer）上抬高的人工島嶼，由 West 8 景觀及都市設計事務所所規劃，於二〇〇二年起開始陸續建造，現今大約居住四萬五千人。

以便能更加了解阿姆斯特丹在其他城市規劃方面的思考脈絡，並再磨練一下自己的規劃設計能力。於是我問海恩願不願意一起合作向荷蘭國家建築基金會投標，去爭取當時蠻夯的都市改造策略專案——阿姆斯特丹閒置辦公區的鬼城再生規劃案。海恩高分貝的回答：當然沒問題！

於是在二〇一一至二〇一三年之間，經歷了一次投標失敗的嘗試後，在第二次投標時順利過關，我們再度接受荷蘭國家建築基金的研究委任計畫，探究阿姆斯特丹市的「阿姆斯特爾三」（Amstel III）閒置辦公區域改造的可能性，研究聚焦於使用城市規劃方法與空間設計手法，探討將阿姆斯特爾三限制辦公的鬼城區域轉型成一較高密度的複合性小區的可能。

區域性閒置（一般來說叫鬼城比較淺顯易懂）指涉的是城市的特定區域內，多處建築物閒置三年以上的狀態。但是跟很多經濟快速開發的國家（譬如中國大陸、杜拜等）不同的是，一般的鬼城多指住宅區域，閒置的多是因為過度炒房而乏人問津，或是蓋到一半建商就跑路的住宅大樓；但以阿姆斯特丹來說，空掉的鬼城卻大部分以辦公區為多。

鬼城不但代表了業主的投資損失，對社會來說也會造成社會資源的浪費，以及整體城市區域品質的下降。上個世紀九〇年代開始，鬼城的問題逐漸在荷蘭浮上檯面，其中以阿姆斯特丹的鬼城問題最為嚴重。阿姆斯特丹政府逐漸意識到這項空間問題，便著手構思怎樣讓閒置區域內的辦公大樓轉變成住宅，或其他的複合性功能使用。然而主要的問題除了缺乏建築改建所需要投入的資金外，這些區域多為純辦公機能的規劃，功能過於單一，缺乏其他生活與社會機能；因此對一般家庭而言，好像沒有搬遷入住這些鬼城的吸引力。

一九七〇—一九八〇年代，荷蘭辦公大樓的租賃市場因為辦公型態的改變就已經經歷過二戰後第一次的大規模閒置。後來由於電腦資訊產業的興起，這些早期的閒置辦公空間得以被電腦資訊相關產業大規模承租作為辦公空間使用。這樣的全盛時期持續到二〇〇一年左右。那個時候瘋行的《一週工作四小時》（英：*The 4-Hour Workweek: Escape 9-5, Live Anywhere, and Join the New Rich*）這本標題很吸引人的書，就在鼓吹大家找出可以不用朝九晚五上班的方法，並且盡量將工作外包出去。很多資訊產業就在這個時期開始外包工作到印度、中國大陸等地區，所以人數很多的大公司越來越少，也越來越不需要傳統型態的、室內偌大的辦公大樓空間。然而在二〇〇一—二〇〇五年這段時間內，荷蘭的新辦公大樓建築仍持續興建。但產業的變化與工作型態已經趨向於更彈性的公司組織配置、更小規模或是短期租約，傳統辦公大樓的所在區位（一般為功能性單一的郊區）、辦公大樓自身建築空間配置，已經沒有辦法滿足小型公司及各種創業者對於自由彈性工作型態的嚮往（如：離住家很近，中午可以回家休息、下班時可以順便到鄰近市集買菜等等）。

與海恩開車到我們的規劃標的區域——位於阿姆斯特丹東南市郊的阿姆斯特爾三閒置辦公區時，第一眼即是一片偌大的郊區中到處都是一棟棟單調的獨棟辦公樓建築，高度大約在七至十樓之間。第二眼則是每一棟辦公大樓前的空地（當時是規劃給汽車使用），因為站在空地上沒有任何擋風的障礙物，所以當風吹起會有一種很蕭瑟的感覺。讓我忍不住跟海恩說：「真是想念紅燈區那種市中心擁擠跟龍蛇雜處的感覺啊！」這麼多的空地，大都零零散散停著幾臺車，感覺使用率相當低。進出辦公大樓的人也很少，甚至感覺沒什麼人在辦公，就算是中午時段，也看不到有人進出吃午餐②，真的很難想像在這裡上班的生活。在阿姆斯特丹紅燈區田野了數年之後，居然轉到這等「無聊」的地方作研究，落差實在太大了！

另外，因為阿姆斯特爾三位於市郊，大部分的使用者都是開車上下班，在空地上停好車後再進入辦公樓上班，所以這些辦公大樓往往沒有設置太多的招牌。因為招牌通常是給走路的人看自己公司在哪裡，但若是使用車子進出好像就沒有這種必要了。沒有招牌跟統一進出的街道面設計，每一棟辦公大樓的主要進出口都朝不同的方向，當身處其中，沒有什麼方向感，這也讓我們很難辨認每一條街彼此之間的差異。

根據統計，當時阿姆斯特爾三已累積高達四十％的空置率。從區位角度分析，阿姆斯特爾三區域其實享有良好的交通資源：鄰近數個可以直接連結到阿姆斯特丹市中心的地鐵站，以及連結往機場與其他城市的高速公路交流道。阿姆斯特丹市政府希望能將已成鬼城的阿姆斯特爾三轉型升級為一個較高密度、兼具住宅區功能的多功能小區。同時，市政府也成立了都市重建項目專案小組「阿姆斯特丹東南地區工作站」（Stadsdeel Zuidoostlob），期盼藉由專案小組的推動，進一步促成此區域的再開發及轉型。

截至我們進場研究阿姆斯特爾三鬼城的那個時候，整個荷蘭辦公大樓市場約有四千五百萬平方公尺的辦公空間，其中有約六百萬的辦公空間是閒置的。從辦公大樓買賣市場的角度觀之，業主只有在實際賣出建築物時才會面臨到建築物價值貶值的結果。而且，一般國際投資單位都會將投資物種盡量多樣化，所以單棟辦公大樓的貶值也不代表他們整體投資的失敗，對其整體財務影響不大。實際上，對擁有辦公大樓物業的荷蘭及國際投資客而言，投資獲利的計算，往往是基於土地價值、建材價值、貸

2 講到這裡，不得不提一下荷蘭人的上班午餐習慣。為了省錢跟時間，公司只要買幾串冷吐司麵包，提供大家幾罐塗抹的花生醬或是巧克力醬，再給幾塊起司跟火腿肉片，大家就可以飽餐一頓，所以也不需要什麼員工餐廳或是美食街的設計。這種簡陋的午餐文化大概也只有荷蘭人能接受。

款利息、營運成本，而不是市場上的租賃需求。某種程度上，他們相信著「需求回饋供給」，而不是一般市場邏輯的「供給回饋需求」。

因此，雖然當時的閒置率居高不下，但是大部分的業主並沒有積極地想要轉賣他們的產權，或是想要將建築物轉變成其他功能。由於一般國際投資單位所組成的投資基金，架構像是個層層堆疊的聖誕樹，因此實際管理辦公大樓的底層經營單位，也沒機會向上層的投資基金持有者和貸款銀行說明由於大樓閒置導致價值貶值的事實。此外，一般的住宅開發業者以及改建市場的投資者，也覺得將辦公大樓改建為住宅（包含舊樓收購、土地使用變更、建築物內外牆改建以符合住宅的隔音隔冷法規等等）的成本過高，所以並不想投入辦公樓改建為住宅樓的市場。

拜默爾

在我跟海恩進行阿姆斯特爾三鬼城再生規劃案的初期，有兩位約莫三十歲出頭的年輕人——馬丁・布洛姆（Martijn Blom）及桑德・凡穆倫・文森建築師（Xander Vermeulen Windsant）——來拜訪海恩，說他們的團隊「荷蘭曙光公司」（Hollands Licht）、康多威瑟斯創意地產公司（Kondorwessels Vastgoed）及 XVW architectuur 建築公司將共同投標由荷蘭老牌的住宅法人羅奇代爾（Rochdale）所拋售，位於阿姆斯特丹東南郊區「拜默爾」

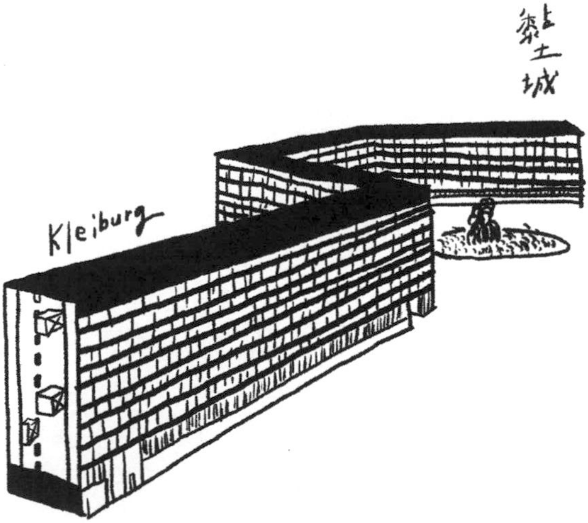

（Bijlmermeer）③的巨型「黏土城」（Kleiburg）通廊公寓。拜默爾剛好位於阿姆斯特爾三辦公區的東邊，算是同一個時代間，以現代主義規劃思維理念前後規劃出來的城市區域。基本上都是單一功能的城市區域，阿姆斯特爾三全部都是辦公機能，而拜默爾則全是住宅機能。「黏土城」巨型通廊公寓大部分居民已經遷走，建築物破敗不堪，住宅法人原本有意再開發，無奈金融危機重擊荷蘭，讓住宅法人沒有資金周轉，政府也不易介入這棟大樓的拆除；因此只要有人願意以一歐元的象徵價格出價，就可以得到這棟有五百個住宅單元的二戰後現代主義思維下所規劃的住宅大樓。馬丁是一個身形微胖、戴著粗黑框眼鏡，聰明伶俐並且有大男孩氣質的年輕建築師。他想請教海恩早期在拜默爾的社區公寓改造以及和住戶共同協力造屋的相關經驗，因為他們想以一歐元購入巨型公寓，並以建築DIY的方式去做號召。他們想將通廊公寓做基本的建築翻新，並提供幾種拼裝的方式讓居民選擇自宅的大小跟型態，再進行組裝。

我曾在念研究所的時候造訪過拜默爾街區，從捷運站走出來，發現是個和阿姆斯特丹市中心氣氛完全不同的城市區域。街上可以看到零零散散的黑人聚在一起聊天，我一個亞洲女生的模樣瞬間成為所有人目光的集中點。沿著偌大的社區草地，會經過一個一個停車場，眼前就佇立著一棟棟超大型、十多層樓的長條形混凝土公寓。稀疏的路人相較於混凝土公寓顯得非常渺小。這樣的場景有點類似法國電影「恨」（法：La

Haine）所描述的巴黎近郊的黑人國民住宅區，而那裡的確也是受現代主義啟發的失敗住宅區規劃案例。荷蘭女王朱莉安娜（Queen Juliana/ Juliana Louise Emma Marie Wilhelmina）④曾在一九七一年探視拜默爾；那時，她站在混凝土公寓室外走廊上靠著不鏽鋼的護欄扶手俯視下方，留下了一張荷蘭史上經典的照片。然而，在這些混凝土公寓裡生活的新移民們，對於如何成為一個新荷蘭人，卻可能正感到非常茫然。

在一九六〇年代，阿姆斯特丹都市發展局充滿了現代主義理想的規劃師，他們普遍認為像是舊水管區這樣的低矮、混雜及充滿了勞工味兒的破敗住宅區應該要被剷平才對，他們比較推崇像是法國建築師柯比意（法：Le Corbusier）的城市方案：「城市應該區分出工作、生活、交通及娛樂等不同的功能分區，才不會彼此交雜，造成混亂。」所以他們追隨在這種中心思想下而規劃了拜默爾。一九六五年所發表的拜默爾區規劃，就是以一九三〇年代 CIAM 現代主義建築師所提出的住、商分離概念為原則。這

3 拜默爾為阿姆斯特丹東南側的住宅區，位於阿姆斯特丹東南郊區（Zuidoost）內。拜默爾的建設始於一九六〇年代，由當時的市政府都市發展部門所主導，並以其區內大量的蜂巢形狀住宅樓及大量綠地為主要特徵。

4 朱麗安娜女王（一九〇九—二〇〇四），全名朱麗安娜·路易絲·艾瑪·瑪麗·威廉明娜（Juliana Louise Emma Marie Wilhelmina）。她在位期間，荷蘭的兩大殖民地：荷蘭東印度及荷屬圭亞那先後獨立為印尼及蘇利南，因此荷蘭由一個帝國轉型為小型國家，並產生本質上的變動。

裡的住宅區在一九六八年興建完成，原本市政府是預期會有中產階級爭先恐後地排隊抽籤入住，沒想到在還沒完成前，就已經有人批評建築物的外觀非常無聊，而且實在太過巨大。當時阿姆斯特丹的中產階級雖然希望能搬離破敗的市中心，但是他們更希望能搬到像是阿爾梅勒（Almere）、雷力城（Lelystad）這種小村莊般的聚落，可以擁有屬於自己的一塊地，有前後院可以讓孩子玩耍。此外，拜默爾因為興建的工程技術相對複雜，造價也高，所以原本應該適合拜默爾的族群——學生及單身族群，也因為無法負擔而必須遷出。這時的拜默爾，開始有很多空屋及轉讓兼作二房東的非法租房，讓這些大型社區在管理上陷入了混亂。另外，七〇年代起，阿姆斯特丹市中心掀起了青年人合法占屋及取得廉租屋的運動，新的世代又希望能回到市區及取得破敗的廉租屋自行改裝。

後來拜默爾的均質化住宅類型、「世界一家」的現代建築設計理念，卻意外地吸引到大批的蘇利南新移民（該國在一九七五年獨立）入住，而這時政府也已將拜默爾的中產住宅改為社會住宅了。到了八〇年代，拜默爾成了一個黑人住宅區，其中有一半的住戶沒有工作，僅靠著社會福利津貼，或是一些地下經濟的行為過活。海恩跟我解釋拜默爾與市中心紅燈區的關係：部分毒販聚集在捷運豪森荷夫站（Ganzenhoef）附近的住宅大樓，從這裡將毒品帶到阿姆斯特丹紅燈區只要十個站，他們可以在紅燈區取貨後帶到拜默爾吸食或販售，也可以將拜默爾作為倉庫地點囤積毒品，再拿到紅燈區販售。「這條運輸帶非常便捷，」海恩說。這顯然讓拜默爾的名聲非常糟糕。

究竟是不是建築物的設計出了問題？如果是，又是哪裡的問題呢？後來參與建築改造的建築師陸陸續續地拋出這樣的問題。建築物的尺度過大顯然是一個問題，連通的長廊似乎沒有盡頭，而住宅樓之間的空地也過大，讓社區沒有安全感。而地面層一樓都是倉儲空間，讓人在地面層走動時沒有安全感，不像一般的城市街道，會有一戶戶街坊的門窗，幫忙看照、守護著街道的感覺。在拜默爾社區的街道上，感覺就是冰冷的倉儲空間，無法感覺到社區之間緊密聯繫、守望相助的感覺。過大的建築尺度，也造成管理上的困難。租客的來來去去，也讓社區沒辦法形成一個比較穩定、團結的社區組織。自從拜默爾住宅區讓阿姆斯特丹人有了一種「貧民窟」的既定印象後，這樣的印象就更加難以挽回了。

阿姆斯特爾三的現實

在進一步了解拜默爾的發展困難後，我也比較理解阿姆斯特丹在戰後發展的另一個章節，畢竟之前在紅燈區蹲了這麼久，都是窩在老城區，對於二戰後發展出來的新市區理解有限。

在研究阿姆斯特爾三的初期，透過海恩的人脈，我們來到當時地方政府所成立的「阿姆斯特丹東南地區工作站」和負責的市府規劃師愛麗絲・范・德・赫斯（Iris van dear Horst）做了幾次的訪談和討論，發現阿姆斯特爾三鬼城再生所面對的問題非常複雜。想要活化阿姆斯特爾三困難重重，都市規劃的工具和層層法令也很難突破。由於荷蘭的土地使用規劃基本上遵循著現代主義的章法（市中心的老城區除外），許多新興區域都是依照現代主義的規劃思維設計的，遵行嚴格的土地使用分區管制：住宅、辦公、商業用地均採分開管制，並未混合使用。在這種脈絡下，複合性的城市功能使用很難發生。

市政府宣布改變的第一步就是：政府透過新立法改變土地使用分區管制，盡量准許阿姆斯特爾三區域內的土地使用複合化，鼓勵新種類空間企劃的發生。

「不過，雖然希望可以鼓勵各種機能進到阿姆斯特爾三閒置辦公區，現實上卻是亂成一團。」愛麗絲說。愛麗絲是一個削著短髮的年輕媽媽，身形蠻袖珍的，這在荷蘭人的高大身材類型中很少見。可能因為跟我的身高比較接近，讓我對她有一種更好親近的感覺。

「這些空掉的辦公大樓，你知道嗎？他們的投資者很多都是外國人，透過疊床架屋的形式去組成國際基金投資的拼盤。你不要以為每一棟樓就只有一個屋主，其實背後牽扯有很多人跟很多公司，就像是一顆聖誕樹一樣，越上面的人才是真正的決策者。一開始我也親自跟這些屋主接觸，然後你就會慢慢發現很多都無法做決定，譬如我打電話詢問目前的物業管理公司，他們都會說要幫我轉接真正的房屋所有權人，於是電話就開始轉接……嘟嘟嘟……嘟嘟嘟……然後再轉接……嘟嘟嘟……嘟嘟嘟……然後轉了很多次之後，你可能還在聖誕樹的中間層這樣。」愛麗絲瞪大眼睛說，好像她剛剛發現了一個祕密。

「然後有一次，我終於轉到了真正的產權所有人並且可以透過電話真正的對話，對方居然是大名鼎鼎的德國銀行！他們的資金都是借來的，對我們這邊的閒置辦公區問題一點興趣都沒有！」愛麗絲嘆了一口氣。

「你可以看看 Cheng 對臺北的研究報告，那邊的土地管制是可以讓混合使用在同一個街區內發生的，很多土地是住商混合的形式，然後用排除法排除掉一定不能做的機能（譬如大型的零售，或是會對交通有重大影響的機能）。」海恩接著說。我點點頭，並且拿出研究圖表說明。

「在臺北這樣或許可行，但是在這裡蠻困難的。這邊要放入住宅的話，我得先證明這裡的環境符合法規規定的人居環境，像是噪音等級（臨路的住宅噪音須低於六十八分貝）跟空氣品質。而且這整個區域有二十五公頃，我真的不曉得第一棟住宅會在區內的哪裡。目前我在更上位的指導原則雖有註明鼓勵辦公區內混合居住，但是在「土地管制規則」（荷：bestemmingsplan／英：zoning plan）⑤內我有點放不進去，因為法官都會問我住這裡符合人居環境嗎？我還真的回答不出來！如果某一條大馬路旁的辦公大樓要變成住宅，五十公尺寬的馬路就得依照法規窄化成三十公尺寬的馬路，車輛必須要減速，且這樣一來馬路又需要用磚塊去砌，不能只鋪瀝青，但是這樣的改造費用很高，我哪來的錢？」愛麗絲嘆了一口氣。

「目前我能做的，只有在交通管制的圖說內說區內未來到處都可能有住宅，所以交通所引起的噪音跟空氣汙染等都必須調降。在這裡我就不管了，把區內到處都標註可以由辦公樓改為住宅樓，像是在麵包上塗花生醬一樣，到處塗。」

之後透過愛麗絲的轉介，我們實地採訪了阿姆斯特爾三區內的大部分私人地主，才理解到私人地主種類可以分成數種，包含銀行、家族、全球建設投資基金、公司及建商。其中，每一種地主基於自身財力狀況的考量，對於閒置大樓的改建和賣出的意願也都不太一樣。

資金充裕的業主偏好選擇局部改建，或等候適當的時機賣出辦公大樓地產。資金不足的業主則希望可以將整棟大樓出售。家族地主可以接受局部改建大樓（可能是因為同一家人至少決定可以做得相對比較快），但銀行或全球建設基金則偏向合乎投資計算單位的整棟改建或賣出。另外，荷蘭本地的地主在態度上比較積極，而國外的地主或者是全球建設投資基金，則對改建或是整體區域的未來發展顯得興趣缺缺。

5　一般來說，土地管制規則為每個國家內規範城市土地的開發上限，使用建蔽率（一塊基地內能蓋多少面積的建築設施）及容積率或是限高（一塊基地內蓋高的建築）來規範每塊土地。另外，也會規範其可以營運的住宅、商業、辦公種類等機能。

在訪談的地主代表之中，我們比較有持續保持聯繫的地主有兩位：一位是較年輕的尼克（Nick），人長得很帥，大約三十至四十歲之間，給人一種投資者的慧黠感。另一位則是年紀稍長的環斯（Gijs）。尼克是物業管理公司的經理，也算是比較積極在參與政府舉辦的各種共識會議的屋主代表之一。

「我們『振興（英：Revital）物業公司』在全荷蘭大約管理一百棟物業，其中兩棟在阿姆斯特爾三這裡。這裡的辦公大樓目前一週只使用四十小時，週末完全沒人。這裡的週末就算你往空中開一槍，也不會有人發現，哈哈！」尼克一邊引領我們在空曠的物業大樓內走逛、一邊介紹著。大樓內，除了有使用者的樓層，其他閒置的樓層都是沒有隔間的，幾乎可以一眼看穿整層樓，雖然還是有基本的藍色地毯跟白色粉刷牆，一望無際還是讓人覺得很超現實，好像身處電影場景之中。

「我們有聯手其他產權擁有者把地區性的出租牌拿掉，然後設一個網站去出租。因為有些公司的總部決議不投資這裡是因為空置率太高。我們也有做一些地區性的指引系統，讓大家來到這邊不會迷路，能更快地找到要去的辦公大樓。」

「不過，有些政客，你真的沒辦法想像！那個誰來著？大家已經都在說現在全荷蘭太多閒置的辦公區，而他竟然還在賣地給更多的人去蓋辦公區。記者問他為什麼要這麼做，他說：『哎呀！我需要錢啊！大家還需要我幫大家付社會福利金不是嗎？』我在這個市場已經十多年了，從二〇〇一年開始，辦公區就已經有嚴重的閒置狀況，但政府還繼續鼓勵大家投資更多的辦公區，你以為這個市場一直是供需平衡的嗎？哈哈，鬼才相信！」

尼克的笑聲逐漸大了起來，還在空曠的大樓樓層裡引起了些回音。他接著說：

「雖然現在出租整棟物業給一家公司是幾乎不可能，但荷蘭的辦公大樓還是比較習慣把整棟樓賣給單一產權人，銀行對放款給小公司買下部分的樓層會很遲疑。我們有試著把辦公大樓分層出租，目前我們手上這兩棟物業就是分租給不同的小公司。五年前荷蘭經濟還超級好，可惜的是我覺得未來不會比以前好了，尤其是辦公的空間產品。對我們來說，逐層賣掉目前意義不大，如果我們要開始賣，就是希望能整棟脫手。像臺北這樣把不同樓層逐一賣掉，銀行居然可以同意！在荷蘭好像還沒有這樣的案例。」

兩週後，我們拜訪了代表德國物業公司的環斯。環斯身穿整齊西裝，講話感覺比較謹慎，頭髮已經半白的他，似乎對未來也感到有些悲觀。環斯先帶我們走了辦公樓內的幾層樓，室內環境都算蠻新的，也有一些基本的軟裝，畢竟這些辦公大樓才蓋十多年，甚至都還沒有老化。辦公樓層內多使用質感高級的木質隔間，好像還有定期在上保護油的感覺，似乎有花一定心力在保養。

「我們的物業根據德國稅法是不能有共同產權人的，如果將一棟大樓分開樓層來賣，就是要一次全部賣出，我們不想只剩一層樓，你懂嗎？因為銀行無法估算這樣的價值，我知道巴西也跟臺北一樣，每層樓有一個產權擁有者，在大樓的轉型上比較靈活，但是在荷蘭的辦公樓，我們很少這樣做。」環斯果斷地說。

「但是愛麗絲現在不是正在畫一張新的土地管制圖嗎？如果通過了，那新的商店或旅館可能就可以進駐阿姆斯特爾三，搞不好有些人會想跟您買一樓或是頂樓來使用啊。」我說。

環斯搖搖頭：「愛麗絲是畫了一張草圖，但是政治人物們根本不想看！他們野心根本不在改善阿姆斯特爾三啊，他們有其他政治上的野心。」環斯接著說：「在這邊做什麼都要等二十六個禮拜以上，我們上次想要申請變更建築的立面，在政府那邊等了幾乎十個月。這是要我們怎麼跟投資者解釋？沒有人會想投資一個要等十個月才能動工的空間，所以如果要一層一層的變更使用，那總共是要等多久呢？我是建議愛麗絲最好白紙黑字寫下什麼能做、什麼不能做，不然我們去申請變更，乖乖等了半年又跟我們說不能做，還要等候政府組織各種共識會議來決議。」

「現在都說得很好聽，鼓勵大家將大樓轉型，說什麼都可以做，但是這樣其實不是也等於什麼都沒說嘛！」環斯有點沮喪地說。

多元（再）開發手段

住商分離

回想初抵荷蘭，到貝拉格建築學院報到就讀碩士學程時，當時學校開的第一堂課，是由一位荷蘭建築師帶領我們做一個睡覺城市（英：Sleeping City）的設計研究。這個城市叫做祖特梅爾（Zoetermeer），是荷蘭第三大城海牙市（Den Haag）的衛星城市。當時的規劃是上班時在城市工作，下班後回郊區過生活，所以叫做睡覺城市。但是這種城市真的非常無趣，除了睡覺以外，還真的沒有事情可以做。到訪祖特梅爾的幾次勘查，也讓我真正體會什麼叫作「文化衝擊」，就是不斷重複的混凝土兩層樓建築、私人花園、平坦的道路、刺骨的北風、城市周圍一望無際的農田跟永恆的水圳。我們的課程是在研究有沒有辦法可以活化這樣的城市，將更多的活力帶入。

因為這是我到荷蘭的第一個建築學程，在不了解荷蘭建築及城市規劃的脈絡下，這樣的城市空間跟這樣的課程大綱讓我覺得無能為力，也糟透了。全組十幾位學生的團隊作業下，因為集體的失望讓大家的想法越來越荒誕：來自亞洲的學生，譬如日本學生，想說可不可以置入一個大型的購物商場，增加人口及商業的氛圍。來自德國的學生則說有沒有可能將整個城市炸掉，重頭來過。而來自中國的學生則發想有沒有可能做一個人工月亮，吊掛在整座城市的上空，讓整個城市有一個新的重心，像是一個心靈的寄託。在學期還沒結束前，除了我以外，還有幾名外國學生，都想著是否換一個國家學習更好一些。

然而在荷蘭居住多年後，我認知到，原來祖特梅爾這種睡覺城市，是在二戰之後被快速構築出來的，屬於環狀城市圈——「蘭斯台德」（Randstand）⑥發展概念下的新城鎮（Vinex）。雖然城市本身超級無聊，但是卻不能只看單一城市，因為它屬於一個更大都市群生活圈的一部分。對它的評價，似乎也要和整個都會圈的連結性跟功能區隔性來一起討論才更加客觀。至少，阿姆斯特丹這個城市也是拜斯蘭台德的概念，才能避免二十世紀下半段因為都市化所帶來的人口密度迅速增加和房價上漲，以及環境劣化等其他大城市所經歷的過度開發問題。

西歐在工業革命後，迎來了都市化的歷程。很多鄉下的人湧入城市尋找工作機會，於是市區的人口大暴增，也造成環境品質的下降。但在兩次世界大戰過後，很多城市因為被戰爭摧毀，而必須重新來過；譬如荷蘭的鹿特丹市就經歷過這樣的歷史。那個時期的很多建築師及規劃師就開始思索，什麼樣的城市型態或是住宅空間適合現代、都會的人。他們理想中的現代城市應該是井然有序、安全又有效率的，而不應該是擁擠的、骯髒的、狹小的。在荷蘭，由阿姆斯特丹學派的貝拉格建築師所強調的理性主義——建築應該服務廣大民眾而不該只服務有錢人——的社會責任，也影響了西歐的現代主義建築流派；其中又以法國建築師柯比意對現代城市的發展思維最廣為流傳。

一九二二年，瑞士裔的法國建築師柯比意，發表了一個名為「三百萬人口的現代城市計畫」（法：Ville Contemporaine）的理想都市規劃方案。並在《明日之城市》（法：*Urbanisme*）一書中說明他心目中的理想城市：「城市中的交通樞紐要興建脫離地表的高架運輸系統，周圍設有商業區，方便以交通將商業活動串接。商業區內的大樓臨棟間距都很大，這樣可以讓大樓內的空間有著良好的採光跟通風，外部則有很多綠化帶供市民休息。商業大樓的周邊則是住宅區，較近的樓層比較低，供中產階級居住，較遠的則較高，供勞工階級居住。」

6 蘭斯台德是一個組合城市的概念，描述由阿姆斯特丹、鹿特丹、海牙、烏特勒支所排列出的環狀鏈型城市系列及其中被圍塑出的「綠心」區域。蘭斯台德區內的人口大約為八百萬，占全荷蘭人口的二分之一，是歐洲最大的組群城市之一。

在此同時，現代主義式的規劃思維持續影響著下一代的城市規劃者。從戰後到七〇、八〇年代之間，荷蘭人普遍得到了經濟上更加富足的生活。由於戰後部分城市的重建及交通系統的改造，現代主義規劃者希望能將擁有汽車的中產階級移到郊區過上更好的生活，於是在與中央政府內閣的合作規劃下，產生了蘭斯台德這個「環狀城市圈」（荷：Ring Stad／英：Ring City）及「都市綠心」（荷：Groen Hart／英：Green Heart）的概念。

在蘭斯台德的規劃初期（大約是一九五八年），當時的人們認為荷蘭各地資源應該被平均的分配，於是各城市的總人口都被有意識地控制在一百萬人以下，並且圍繞出一個農業區綠心，在農業區及城市之間使用緩衝區作為間隔。這樣避免單一大都會過度擴張的思想，獲得當時大部分荷蘭人的認同。這種住商分離的理念跟現代主義的車行導向理念不謀而合。在城市內需要有各自獨立的工業區、辦公區、住宅區等城市區域。城市外圍，則需要保留綠地跟農業。每個城市不應該太大，而是像衛星一樣變成一個彼此合作的網絡。蘭斯台德概念除了有現代主義者的車行導向思維，也同時受到二十世紀初英國城市理念——田園城市理論（英：Garden City）的觀念影響，認為理想的城市生活應該是讓小型都會圍繞著大面積的綠地及農耕用地，讓城市居住者可以在最短的時程內觸及綠色生活，鄉村居住者也可以在最短的時間內到達城市進行需要的就業洽商行為，並且在居住、工業及農業用地上取得更多的平衡。

蘭斯台德這個環狀城市圈除了包含阿姆斯特丹外，還包含了整個環狀線上的其他城市，譬如烏特勒支、鹿特丹及海牙等中型城市。當前蘭斯台德共有兩個大都會區：阿姆斯特丹大都會區（英：Amsterdam Metropolitan Area）及海牙—鹿特丹（英：Den Haag-Rotterdam Metropolitan Area），約八百萬居住人口，占總荷蘭人口的大約一半（截至二〇二一年底荷蘭總人口數約為一千七百萬），年地區生產總值則為三千六百七十億歐元（約十三億新臺幣），人口規模和經濟總量在歐洲各都市區域中排名第四，僅次於倫敦、巴黎和萊茵—魯爾區域；而且是整個歐洲居住密度最高的都會地區。阿姆斯特丹在蘭斯台德這個環狀城市圈內扮演著文化及觀光的重鎮，鹿特丹是全歐洲最大的港口城市也是目前全世界排名第十的吞吐港口，而環狀城市圈中較小的城市，也包含諸如台夫特大學所在的台夫特市（Delft），及萊登大學（英：Leiden University）所在的萊登市（Leiden）。

在環狀城市圈內，很多人都利用火車通勤。有很多人選擇居住在較便宜的海牙或是鹿特丹，但是卻在阿姆斯特丹上班；但也有更喜歡在城市環境優雅的阿姆斯特丹居住，卻反過來去鹿特丹上班。這樣的一環生活圈居住模式，在荷蘭常常見到；這也是為什麼在上下班時段，荷蘭火車時常誤點，而且上面塞滿了擠沙丁魚般的人潮。這樣的跨城市規劃角度，讓阿姆斯特丹一直沒有大規模的都市擴張，進而在二十世紀和國際接軌之後，也沒有像世界上其他國家的大城市一樣，進行跳躍式的經濟及建設成長。

反而是在戰後讓更多的經濟發展擴展到了鹿特丹及海牙，進而讓鹿特丹發展成為歐洲第一大港，而海牙則成為荷蘭的首都，讓中央政府議會及大使館等駐地於海牙，使城市之間的權力盡量均等，在各地方派系之間找到平衡。而阿姆斯特丹則著重於商業及貿易的發展，並且擁有更多文化性跟觀光性，在這樣的底蘊下也能進行更多城市更新實驗。

說到現代主義式的城市規劃，也不能忽略科內利斯・范・埃斯特倫（Cornelis van Eesteren）⑦。埃斯特倫是一位受到柯比意啟發的現代主義建築師，在荷蘭非常活躍，早年曾到德國包浩斯建築學院（德：Bauhaus）⑧進行學習，三十多歲就擔任著名的現代主義運動流派CIAM的主席，且持續十幾年。從一九三〇年代起，埃斯特倫開始針對阿姆斯特丹西區著手進行規劃，這個都市擴張計畫在歷史上被稱為「大阿姆斯特丹擴張計畫」（Amsterdam General Extension Plan, AUP）⑨。埃斯特倫延續現代主義的規劃思路，希望能將更多的空氣和陽光帶到阿姆斯特丹西區，並且某種程度上將阿姆斯特丹真正的「打開」，結合了社會住宅的規劃思維，以新市鎮應該要有大量的陽光、空氣和水的想法，在阿姆斯特丹的西邊郊區斯洛特瓦特（Slotervaart）規劃了一大片名為「西區花園」的社會住宅區域。

另外，埃斯特倫當時也是荷蘭風格派（De Stijl）運動的核心人物之一，這個以蒙德里安紅黃藍為代表的藝術組織，主張藝術的抽象化及元素化。埃斯特倫在他的城市設計之中，持續投入這些手法到街廓和建物的量體設計之中，形成了這批西區花園住宅區（Westelijke Tuinsteden）的特色。

西區花園城市最初規劃於一九三五年，也是阿姆斯特丹市政府成立獨立的城市規劃部門（Afdeling Stadsontwikkeling, SO）後才有的規劃案⑩。在開始新規劃之前，阿姆斯特丹西區圩田上的水道基本上將阿姆斯特丹西區分成斯洛特米爾（Slotermeer）、格曾維爾德（Geuzenveld）、斯洛特瓦特（Slotervaart）跟奧斯多普（Osdrop）等幾個區域。埃斯特倫將這幾個分區分別規劃成一萬人的住宅區，而且圍繞著斯洛特帕斯（Sloterplas）大湖地區。每一個分區內的規劃師都針對建築物的類型做了指定，並且混合了不同的戶型。這類花園

7 科內利斯・范・埃斯特倫（一八九七－一九八八）是一名成功的荷蘭建築師及都市規劃師，在二十世紀中旬他曾經在阿姆斯特丹市政府的規劃部門工作過，也曾經當過現代主義組織 CIAM 的主席。

8 是位於德國魏瑪的一所藝術設計大學。於一九一九年由建築師沃爾特・格羅佩斯（英：Walter Gropius）以工藝藝術學校的形式創立。而後這所大學在經歷了幾十年的滄桑後最終在兩德統一後的一九九五至一九九六年間被德國政府重新復名為包浩斯大學，並從一所設計學校成為了著名的公立綜合大學性質的設計學術機構。

9 「大阿姆斯特丹擴張計畫」將阿姆斯特丹的都市範圍向同心圓的外部大面積地擴張，主張住宅與辦公的「住商分離」概念。阿姆斯特丹擴張計畫內的住宅區皆有大面積的綠地覆蓋。

10 在這之前，城市規劃還不能算是一個獨立的專業，城市開發主要是由負責城市公共基礎建設的工程師們在執行。

城市的理念最早來自英國的都市學者埃比尼澤・霍華德（英：Ebenezer Howard），他認為社區的規劃應該被安排在花園、綠地或農地之中，並且平衡住宅、工業和農業。埃斯特倫也將阿姆斯特丹西區塑造成了這樣的城市小區，低密度的骨牌型住宅被綠地、公共及私人花園圍繞。

雖然這個規劃當時已經完成並且蓄勢待發，但由於之後的經濟危機和二次世界大戰爆發，使得西區花園的計畫推延，一直到當初參與這個計畫的政府官員都退休了（大約是一九五〇年代左右），才開始被付諸實現。這個案子規劃之初雖然是以郊區的花園城市為理念，譬如以低矮樓房為主、高品質開放空間等願景，不過，因為埃斯特倫的現代主義理念太過於理想主義，區域內過多只租不售的社會住宅（占九十五%），造成部分弱勢的群聚行為跟偶爾的反社會行為，結果阿姆斯特丹的中產階級不願入住其中，在之後的數十年發展至二十世紀末，西區花園逐漸成為只有新移民聚集的弱勢貧民窟社區。

回到城市

前文所說的「蘭斯台德」城市集合體概念到了二十一世紀轉化為「蘭斯台德二代」，因為國際航空業跟電商的茁壯，阿姆斯特丹市政府及中央政府意識到城市集合體對阿姆斯特丹的發展日漸產生侷限性。雖然城市之間彼此連結緊密，但仍不等同於一個高效率運作的大都市，具備足夠的人才資源跟效率性參與國際競爭。蘭斯台德的城市集合體讓阿姆斯特丹無法跟倫敦、巴黎、巴塞隆納、法蘭克福、布魯塞爾這些西歐大城市競爭，所以在新一版的蘭斯台德跨城市的規劃藍圖內，阿姆斯特丹的國際地位以及跟史基浦國際機場的連結性更強，以便能和其他大城市一較高下。

蘭斯台德二代的概念不再強調城鄉二元的概念，而是將此區域的藍綠帶串聯（從西南角的三角洲到阿姆斯特丹北邊艾瑟爾國家景觀帶）強化，這包含面對地下水位的變化趨勢和其應對方式，也希望能在這個動態過程中創造更多的生物多樣性，並且更加強阿姆斯特丹作為蘭斯台德二代內的領導地位。譬如阿姆斯特丹與其他城市之間公路、航空、鐵路及水路的樞紐地位，並提高阿姆斯特丹內城市土地的使用強度。各城市之間的勞動市場跟居住條件的配套措施也被再度整合，希望能提供國際市場更靈活的配套，並且可以提供更多城市型的公共服務跟合理居住的房價去支撐一個大都會。阿姆斯特丹要再度成為荷蘭的都會重鎮及歐洲的國際樞紐。

由我的第一個東家 de Architekten Cie 所規劃的「南軸」金融中心，將會藉由輕軌連結拜默爾、阿姆斯特爾三及其他商業區，並通過 A 10環形高速公路連結阿姆斯特丹北邊的船塢區及輕工業區。看著曾經參與製作的都市規劃圖，雖然在公司的日常裡常常被瑣事及無聊感淹沒，但是這個規劃將讓這些新大眾交通工具的串接為史基浦機場和拜默爾帶來動能跟改變契機，也使得這些區域跟史基浦國際機場有更強的連結，讓阿姆斯特丹成為具備大都會交通條件的國際城市。

隨著南軸的逐漸完工，拜默爾不再是一個阿姆斯特丹城市邊緣化的黑人貧民窟，而是阿姆斯特丹—烏特勒支—史基浦國際機場都會網絡中的其中一站。那麼，位在拜默爾旁邊的阿姆斯特爾三呢？會不會因為這樣回到城市的都會動能而能有些改變呢？

阿姆斯特爾三由於閒置辦公區內的單一使用功能，使得週末及夜晚幾近空城的狀態，針對此現象，我們直覺可透過增設區域內的夜間娛樂功能來吸引人潮，創造夜間經濟。有沒有可能跟臺北一樣，將酒吧、夜店及旅店等功能性空間設於辦公大樓閒置樓層內，或室內空間較連續的沿街貨櫃屋內。一方面，這樣可增強區域的夜間使用性，達到二十四小時連續使用的效果。另一方面，區域內的公司行號也可以利用區內增設的旅店及相關飲食娛樂功能，招待出差阿姆斯特丹的國外客戶。區內大型娛樂場所夜間所發出的噪音，短期內也不會在夜間影響到可能遷入的新住戶。

某一次的地方共識會議選擇在尼克的振興物業大樓進行，有約莫二十位地方物業公司及家族企業代表來參加，「阿姆斯特丹東南地區工作站」還準備了點心、三明治跟香檳。在共識會議之中，愛麗絲跟環斯意見不合。環斯認為應該讓商店大量進駐阿姆斯特爾三，愛麗絲則很保留，她比較希望住宅先進場。

「應該要規範在這裡什麼不能做，而不是什麼能做。例如在市中心很難有大型商店，但是這裡可以啊！我建議過幾次，可以做一個大型的腳踏車量販店，讓人們來這裡可以逛買各種不同的自行車；這種需要超大空間的店面，在市中心是幾乎不可能的。我們需要的是一個分租的仲介，他可以用便宜的價格跟我們租，然後跟這種零售商收取他們認為合理的價格。」環斯還建議可以跟網購公司招商：「空地很多方便卸貨，也可以讓顧客停車，像美國的購物商場那樣。目前政府的思維很僵化，你們希望商業可以留在市中心，所以就限制其他區域的商業發展。」

愛麗絲則回道：

「在我們的土地管制規則下，如果想多鼓勵商業的進駐，必須做各種研究，了解如何不影響居住的品質，這有總量的上限。但是我們現在也不知道區內的哪一棟辦公樓會率先變成住宅，大家都問我為什麼不要都不要管就好，讓商業自由發展。但是法官會問我為什麼讓住宅品質低落？然後我也答不出來。而且因為沒辦法預測那種商業會想進駐阿姆斯特爾三，如果進來了之後開了店，日後又有住宅要來申請許可證，會不會因為有商店在旁邊，所以又拿不到許可證。」

似乎大家對阿姆斯特爾三的轉型有著不同的想像，在無法預測未來經濟發展的前提下，好像也很難達成共識。

街道感

因為馬丁、桑德在拜默爾進行「黏土城」通廊公寓的改造項目，有幾回，海恩帶著馬丁、桑德跟我在拜默爾的街頭漫步，到處介紹。海恩說：

阿姆斯特丹政府於九〇年代開始，逐漸正視到現代主義思維的失敗規劃問題，就開始「逐步整頓」拜默爾社區，原本彼此互不相往來的各個住宅法人被組織成一個公司，叫作「新阿姆斯特丹公司」（Nieuwe Amsterdam）。

連著名的荷蘭建築師庫哈斯所帶領的大都會建築師事務所（Office for Metropolitan Architecture, OMA），也在一九九〇年代為拜默爾進行了重新規劃的嘗試。他們提出了拜默爾帶狀空間（英：Bijlmermeer Strip）的思考，認為拜默爾的大樓一樓跟戶外均質化的綠地設計不當。這麼多的人口不可能只依賴當時戰後建築師所想像的，像是健走或慢跑這種戶外活動就足夠，所以他們將整個地面層的功能重新分配，並將戶外空間做多功能的活化。後來雖然這個構想因當時政府的財務緊縮而沒有實現，但是這樣的思考也影響了後繼的規劃者。

到了一九九五年，拜默爾的第一棟現代主義住宅大樓正式倒下，為了推翻這裡的暗黑形象，政府陸陸續續地在接下來的二十年之間拆除了整個拜默爾約莫七十％的住宅大樓。這樣的摧毀行動帶來了多元的影響，一方面很多人鼓掌叫好，認為這是改變的具體開始，但也有當地居民領袖的強烈反對，並且說明仍有很多族群在此生活的美好面向，並不完全如大眾所想像的糟。就在這樣正反的不同形象之間，拜默爾的重生之路逐漸受到社會大眾的重視。

「身為阿姆斯特丹的社區建築師，我當然也參與了這場反對拆除拜默爾的戰役。」海恩說。就像海恩在七〇年代經歷的新市場之亂，對於曾經參與占屋運動的他，很相信一群人一起蓋房子或是改造的力量。他認為集體改建舊屋的過程，可以強化社群的向心力，也可以讓社區的動能和城市更加接合，並且帶動城市的發展。所以他想測試合資興建的住宅，看看可不可以將人們帶到拜默爾這個破敗的貧民窟區域。海恩告訴我們：

拜默爾的主流城市改造經驗跟輿論不一定正確，我認為絕對的剷平不是最好的方式，反而會破壞原本已經建立的社群連結，所以也不是最節省資源的做法。只可惜改建式的城市改造對政府單位來說往往很頭痛，因為比較需要溝通跟整合，也需要和民間更緊密的合作。

這和公家機關收發公文的日常有點不太對接，會讓公務員感到頭很痛。（海恩笑著說。）

在當時反對拆除的聲音之中，以海恩參與蓋造的格魯貝霍夫大樓（Grubbehoeve）改建過程最為大家所注意。由「買你自己的拜默爾」（Koop Je Eigen Bijlmeer, KJEB）組織所推動，希望將靠近捷運豪森荷夫捷運站（Ganzenhoef）⑪的格魯貝霍夫大樓由租賃物業改成自住的買家物業。他們找來六十個投資人共同合資進行格魯貝霍夫大樓的修建，並找來海恩和住戶進行設計討論跟整合工作。住戶和海恩的概念是將大樓地面層封閉的停車場空間（戰後的建築師認為汽車將成為主流，因此常將停車場配置於一樓，沒想到建成

11 為阿姆斯特丹東側紅線捷運線上的捷運站，從阿姆斯特丹火車站算起為第十一站，也為紅線的終點算起的倒數第三站。

後汽車的使用量並不高，造成一樓空間的閒置跟荒廢）改成住戶單元跟工作室，加強走在街道上的鄰里感跟安全感。除此之外，還有一個社區畫廊跟數個公共自行車倉儲空間。這樣總共改造成三百一十三戶住宅單元、一千兩百平方公尺的工作室空間、及六百平方公尺的設備空間。

三百一十三戶住宅單元的裝修方式分成「平靜型（輕微裝修）」跟「狂野型（重度裝修）」，後者像是將住宅單元向走廊外推，將走廊空間納入室內空間，或是地面層的住宅單元擴建。對於地面層的社區氣氛來說，將封閉的一樓立面改成有住宅的出入口及窗戶，讓走在大樓旁邊的人瞬間感到非常安全，尤其是夜晚。根據調查，這樣也讓犯罪率降低，因為隨時有住戶在關注街道的關係。這種對創造「街道感」的關注跟靈感，就來自於海恩對阿姆斯特丹市中心街道的觀察吧！

「你看阿姆斯特丹市區的街道，為什麼這麼宜人，就是因為大家都會在門前街道旁種植自己的植栽及花藝，並且花費心思打理它。這會讓街區感覺很不一樣，因為你會知道這個社區有向心力，並且是在慢慢變好。」海恩溫和地對年輕他四十歲的晚輩馬丁、桑德建築師和我說。

市政府在拜默爾主導的摧毀運動持續了二十幾年，一直到今日，拜默爾原來在戰後所建的通廊大樓有七十%左右都被低層樓的、受荷蘭人歡迎的、有地面花園及停車空間的連棟街屋取代了。另外，政府透過部分社會住宅的出售、加強公共設施、打造交通建設、提高商業混合使用等多元模式推動社區再生。其方法是找來中產階級家庭「進駐」社區，希望藉由中產階級再次提升拜默爾的社區意識和消費力。一開始，很多人質疑這種帶有殖民者心態的「中產」規劃方法，畢竟，把白人硬塞到黑人社區裡，白人不願意，黑人更不願意，更何況從一開始拜默爾的房型就不受中產階層的歡迎。區域政府也同時推出了一套阿姆斯特丹東南郊區消費悠遊卡，鼓勵阿姆斯特丹市其他區的市民到東南郊區消費，並享受各種停車或商場購物的折扣，將改造中的拜默爾的名聲打響。十多年過去了，到了近幾年，這方法漸漸被證實是成功的——越來越多荷蘭本地年輕家庭願意搬到房價跟租價相對便宜且生活機能完善的拜默爾區，週末假日時享受區內的大型多種族市集是他們生活上很大的享受。

住商混合？

在執行阿姆斯特爾三鬼城再生的規劃案期間，有一次海恩跟我發生過口角。我一直不斷地提供亞洲城市像是臺北、首爾、香港、東京的城市街廓案例，說明住商混合在一個街廓內是怎樣生成的。然後提出了讓大家都可以當二房東的可能性，因為如果可以轉租或是分租空間，就可以讓空間更能回應市場需求，也有助於原本單一功能的住宅或是辦公小區開始有商業進駐，或是分割店鋪的小型店面進駐，我認為這樣可以讓經濟行為更加的活絡。

沒想到，我提出這樣的構想之後，海恩的反應很激烈。

「你不知道我們應該保障租客的權益嗎？分租會讓大家把房租炒高啊！」海恩說。

「是沒有錯，但是阿姆斯特爾三現在的問題是要炒作也沒有人炒作啊！如果大家可以更加自由地承租小空間或是再分租出去，不是會帶來比較多的人流嗎？」我一邊說一邊翻出更多的研究資料來說明。

「我不是很懂，如果占屋可以合法，為什麼二房東不能合法？如果都市要發展起來，總要有些人的權益被犧牲的不是嗎？對我來說，無論是資本家犧牲或是租客犧牲，都是一樣的。」我斬釘截鐵地說。心裡想著：歐洲城市開始追求住商混合，但是混合程度遠不及亞洲啊！

海恩感覺有點說不過我，於是開始面紅耳赤了起來。「總之，」他丟下一句話並且揮揮手表示不想再說了，「我們就是應該要保障弱勢租客的權益，不能讓市場炒作租金。」

我感覺莫名其妙地被訓了一頓，氣憤地回家了。一方面還是覺得自己的理論很有道理，也覺得因為生氣講話大聲的並不是我，我不過就是就事論事嘛。於是，這個事件就被我擺著有一陣子沒管。

過了幾週，海恩邀我和他的家人一起坐船航海。在海上的行駛過程中，海恩沒有多說什麼，不過他的大女兒知道了這件事，跑來說一些風馬牛不相及的事情緩和氣氛。大概意思是說她的生活一向過得很分裂，因為她的父母都是嬉皮⑫，但是她丈夫的家庭卻是阿姆斯特丹的有錢家族，所以她常在左翼分子跟右翼家族中協調各種事情。回家後我一直在想，我在海恩的眼中會不會是一個從資本主義社會過來亂的、自作聰明的「少女吔」？我堅持的「比較能運作的市場邏輯」，會不會導致我在他的眼中「人設崩塌」？

我在貝拉格建築學院讀碩士班的時候，曾向學校提出休學一年的請求，並申請進入當時負責艾堡島城市規劃的 West 8 景觀及都市設計公司實習。公司不會交予實習生太重要的工作，我們的日常通常以協助模型製作及後製效果圖為主。當時我幫過一組艾堡島的街道設計圖，因為都市規劃及景觀公司主要是將區域內每條街道內的開放空間留設出來，確保步行的時候，走大約四、五十公尺，就會有一個可以休息的街角廣場；每一百公尺、兩百公尺會有一個較大型的公園或是廣場。主管特別交代每一棟房子的外觀都要做到差異化，但是也要注意呈現出來的天際線的韻律——基本上是四層樓的街屋型態，偶爾可以穿插一個高層建築。另外，建築物外觀的凹凸陰影部分也要用 Photoshop 效果表現出來，讓凹凸的立體效果突顯，但又不能過於誇張或是不一致。

當時我的主管說像艾堡島這樣的城市規劃案，公司早有經驗：阿姆斯特丹著名的東碼頭區的伯尼奧・斯波倫伯格住宅區就是大老闆阿德里安・荷茲（Adriaan Geuze）早期的作品，它和艾堡島一樣採用雙排型、緊湊排列的透天街屋類型展開，並且著重開放空間的留設。在一九七〇年之前，阿姆斯特丹東部港口區還是以造船相關的貿易為主，隨著大部分的造船工作往西港口遷移，沒落的東碼頭就必須要重建。阿德里安所提出的構想，採集自傳統荷蘭村莊須德海（Zuiderzee）透過地主建設水岸住宅的概念，並賦予新的現代意涵。

有別於一般摩天大樓的新建設方案，阿德里安在伯尼奧・斯波倫伯格住宅區提出每公頃土地有一百戶有天有地的運河街屋、總開發面積二十五公頃共兩千五百戶運河街屋的都市再開發概念。每一戶運河街屋都跟水有關係，無論是有中庭的街屋、有屋

---

12 嬉皮（英：hippy）主要形容美國為主的西方國家，在一九六〇—一九七〇年代反對美國參與越南戰爭的一群年輕人及其所發起的文化運動。他們與西方社會主流的中產階級對抗，並提出較為消極、反戰及去中心化的生活方式。

頂花園的街屋，或是直接臨水岸、有私人碼頭的街屋。這兩千五百戶運河街屋密密麻麻地排列於新填海造陸所創造的水道兩側。阿德里安規劃了整體的設計準則、停車空間的進出口方向、樓層高度及建築材料，並且委託了將近一百位建築師參與這項計畫。計畫的前期還有一個雄心壯志的野心，那就是找來一百家營造廠，讓利潤平均分配於各包商並且創造不同的建築物立面表情。不過這有點難，畢竟營造商需要數量較大的建設，以降低建設成本，最後是由二十五家不同的營造商分攤了整區的建設量。當時這樣高密度緊湊的街道及住宅組織系統，為近代歐洲城市規劃開啟了新的章節。

主管帶我們造訪了住在伯尼奧．斯波倫伯格住宅區的公司同事雅恩（Jan）的家，進門的一樓是全車庫跟多功能空間，這個有屋頂的多功能空間可以拿來將雨衣脫下、放自行車、放露營的帳篷、停車、卸貨、儲藏乾糧跟生活用品，上到二樓才是住宅的客廳跟餐廳。據雅恩說，這是一個有屋頂花園的房子，屋頂種滿各式各樣的有機食物，譬如番茄等等。雅恩特別說明，這些種植的土壤都是他從住在阿姆斯特丹市郊的父母家中的花圃挖來的，因為他不信任伯尼奧島的土壤，「誰知道他們在裡面填了什麼！」雅恩說。

問雅恩是否喜歡住在這邊，他說相當喜歡這裡的寧靜。週日的早上，街區安靜的可以聽到海鷗的低鳴聲。而他一週也只做一次購物，就是從下班的路途上轉入伯尼奧島時，在街角的超級市場買足所有一週內的所需。聽雅恩這樣講，我發現荷蘭人的生活本來就很簡單，不需要這麼多的便利性跟即時性。對他們來說，可能選項較少（譬如不用想很久今天要吃什麼）跟簡單的生活型態（譬如週日就待在家中睡覺）搞不好就是最好的。

跟雅恩聊完，我有點放下作為一個有亞洲基因的設計師的思維——覺得到處都應該要規劃得讓生活很便利。對阿姆斯特丹人來說，住商混合所帶來的「便利性」或許沒有這麼重要。在這裡的人更在乎生活的自主性，就算是增加居住的密度，建築物也要表達他們的生活型態跟態度。商業性要有，但不要太多。還有最好不要有店家的上下貨，或是便利商店進出的「叮咚！叮咚！」的聲音來打擾他們的生活。

阿姆斯特丹式的都市混合策略

在「蘭斯台德二代」國家空間政策發布，希望將更多的開發能量放回阿姆斯特丹之後，二十一世紀的阿姆斯特丹政府開始注意在新世紀大都會的空間治理框架下，如何不再由市政府獨大去規範如何發展或再發展城市，並且下放更多的發展權力給民間，因為民間開發者甚至是普通老百姓，可能比政府更能及時的回應經濟跟社會人口的變化，很多時候也比較準確。

大概是二〇〇九到二〇一四年之間，如果去問任何一個在歐洲的建築師（在荷蘭除了幾家知名國際事務所的雇員外），大部分都受到金融危機的嚴重影響而面臨失業。中年已穩定的雇員仍被解聘而當場崩潰的劇碼每天上演。過往蓋好蓋滿的建築師們被迫

斷手。因為沒事做所以建築師們開始發明各種補腦項目：開民宿、組讀書會、寫書作研究、設計拖車、大大小小的建築師事務所解散或重組，堪稱建築師們的「嬉皮年代」。

此時在阿姆斯特丹北邊大約一百公頃的工業區「包克史洛德哈姆」（Buiksloterham），本來已規劃好大規模的拆遷都市重建案也停擺，取而代之的是一個新的開發構想：由個人、集資、建築師、投資者和小規模開發商進場，取代原本的「政府＋大建商」開發模式。這個由政府輔導的自建城市區域，曾經是造船工廠及各類重工業及輕工業聚集的船塢區，過往的交通仰賴來往南北阿姆斯特丹的跨河渡輪將兩岸連結起來。

主要的專案執行單位為「聯盟」住宅法人，他們希望用非傳統方式來開發城市，讓城市開發的概念變成一個動態過程，將中產階級的自地自建宅和社會住房、住宅，以及小型辦公和工作室，還有社區中心相結合，將個人、集體、投資者和小規模開發商聚集在一起共同討論。

在經濟危機下的地方政府也不再將包克史洛德哈姆徵收並且劃分地塊售地，而改用一種結合各種中小型開發者及自建居民的彈性城市街廓設計概念，採取不重置既有工廠，並鼓勵逐步轉型為混合產業，變成可以移居跟帶有活力的都市社區。政府設定約一百公尺乘一百公尺的街廓及開發上限，並且鼓勵現地的輕型工業、小型商業及居住混合開發。

地方政府使用的工具是一張帶有不同漸層顏色的土地使用管制圖，將整個地區的主要道路先劃定出來，接著區分靠近工業區和靠近水岸不同調性的兩大趨勢，依照不同噪音規範等級，再去細分成為輕工業區、輕工業轉型住宅區（建議區內輕工業及住宅的比例為七：三）、住宅混合小商業及辦公區（建議區內小商業及辦公樓的比例為七：三）以及純住宅區四種街廓。而這四種街廓都以大約一百公尺乘一百公尺的格狀系統去劃定。這種大小的格狀系統不僅讓不同的建築提供了建築的土地空間，而且還允許同一個合作式開發的社區從街廓內部協議出開放空間及街道。

然而這樣開放性的總體規劃模式，跟過往歐洲現代主義式、信奉「住商分離」的土地利用模式完全背離，還有對不同種建築類型的噪音等級的規範衝突，都讓公務系統難以推進。不過，正好當時公務員們也都沒什麼事做，剛好可以將大量的鐘點時數投入地區性的各類型共識會議。

這樣前瞻性的集體合作式開發模式，讓大大小小的投資者跟自建居民，透過長時間的共識會議跟工作坊，逐漸形成開發共識；在二〇一五年簽訂「循環的包克史洛德哈姆」宣言，宣示要將這個地區打造成一個循環經濟及永續社區的好案例。

公共地下水管和自來水廠的興建也幾乎省略，每個社區自行建設水循環的系統，將汙水及雨水分流，並且讓水資源重複利用。水岸碼頭過往是一個小型的邊界，將河水和陸地區隔出來。在包克史洛德哈姆碼頭變成一種新的公共空間，讓人在水岸的活動空間擴大。公共花園、地面跟屋頂上的綠色腹地都保留了雨水處理機制，這樣可以避免暴雨淹沒房舍，也可以穩定氣候。走在街上，你還可以看到雨水變成創意的景觀元素，道路向河邊越來越斜，以讓雨水直接排到河裡，成為有地方特色的排水街道。

阿姆斯特爾三的多元開發

在了解到過往現代主義式的住商分離思維對二十世紀末的阿姆斯特丹都市發展的巨大影響之後，我才了解在阿姆斯特爾三這個閒置的辦公區要置入住宅跟商業有多困難。因為過往現代主義者跟荷蘭人對於居住品質的追求，遠比我們亞洲人普遍高很多，所以住商混合的街廓模式並不是這麼好推進的。另一方面，高程度的住商混和，對於阿姆斯特丹人及阿姆斯特爾三的未來生活型態來說，似乎也不是絕對的必要，而且也不是活化阿姆斯特爾三的唯一手段。於是，和海恩討論後，我們決定把住宅跟商業類型及規模先分成幾個種類，列出每個區域適合置入住宅的種類。譬如面臨大馬路的辦公大樓就不太適合改造成一般住宅，但是頂樓可能可以考慮向短租公寓招商，畢竟短租公寓不算正式住宅，對於噪音等級的規範並不嚴苛。

短租公寓一般來說是簽約三個月以內的租客，在阿姆斯特丹，這樣的住宿方式還沒有被明確歸類。「我最喜歡這種還沒有被歸類的機能了，因為自由度高很多！」在後期與「阿姆斯特丹東南地區工作站」及地方物業代表的共識會議中，愛麗絲笑著表態。

於是在愛麗絲的默許下，我們先在區域內建立了多重住宅指標。我們依據區內住宅設立位置、所在的樓層高度和沿街面的關係（和噪音等級相關）定義出四種不同層級的辦公大樓改建為住宅的規範，分別是：

1 鬧市住宅（URBAN LIVING）：可以承受較多的噪音環境，譬如短租公寓。

2 彈性住宅（FLEX LIVING）：可以混和其他機能的住宅方式，譬如和個人工作室結合。

3 標準住宅（STANDARD LIVING）：較為一般的主流家庭型態住宅。

4 優質住宅（QUALITY LIVING）：較為高級，單價較高的住宅。

如果阿姆斯特爾三區內的地主將辦公大樓改建成住宅的行為會受到嚴密的法律規範，將使得改建的進行困難重重。若能放鬆部分住宅（譬如學生住宅、短租公寓等）的建築外牆標準，讓改建的投資門檻降低，將更有效地鼓勵地主進行住宅功能的改建行為，並且也可以在空地上鼓勵小型自地自建的投資者進場，讓居住空間能在區域內百花齊放的產生。

由於在研究的前期我們採訪了區內一半以上的地主，因此大概了解到什麼樣的地主可以接受建築的局部改造，或是只能接受整棟樓一起改造或出售。我們將採樣到的地主類型，依據改建動機跟改建規模做了一個大致的分類，再逐一對每一棟建築物做改建的簡易度評估。譬如：有一些辦公大樓只有一座逃生梯，若欲改建為局部住宿功能的大樓，就必須因應荷蘭建築法規，增建另一座逃生梯提供住民緊急救難服務；另一個情況，若私人地塊面臨兩條以上的道路，地面層的辦公大樓大廳可以考慮新增其他方向的住宅入口，區分出不同功能種類的大樓使用者的出入動線。在大樓臨接道路的公共空間使用上，我們也發現，一般地主都希望能有些變化讓門面比較有人氣，但受限於不知道隔壁的地主是否可以接受，也不確定政府是否會允許（因為道路及人行道公共空間多為公產權）。受限以上總總原因，使地主們不知道該怎樣進行局部的景觀改善及建設。

而臨接道路及公共空間的地塊在使用轉型上，又更加複雜，除了私人地主左鄰右舍之間必須要有共識，私人地主跟政府之間也需要有共識，而針對區域內那些空曠、使用率很低的停車場，每個私人地主也有不同的看法，似乎共識很難達成，這樣的滾動式在開發流程，也很難去預測。

「街道的改善我想第二階段再做，現在我只想用保鮮膜把這些建築物包起來，只讓改造發生在建築物內，因為我不希望更多空的房子被蓋出來，這個很難控制。在空地上再蓋新房子很容易，但是誰知道會不會又變成一棟沒有人用的鬼屋呢？不能先讓大家蓋在空地上，這有點失控。」愛麗絲煩躁地說。

「但是我們可以排除大型的開發者，只接受小型投資者的進場，或是自地自建的私人提案，這樣就可以確保來這裡蓋房子的人是真正有需求的住戶。」海恩舉手發言。

尼克則接著說：「我們是可以把空地空出來開發其他類型的住宅建築，但是我還是很懷疑，如果把這些地賣給住宅，一定會是比較差的投資者才會來？那誰會來住？會不會都是中低收入戶？會不會變成另一種貧民窟？他們會不會帶來髒亂跟噪音？這些可是會讓我們的辦公大樓貶值的！」聲音宏亮的尼克總會在空曠的辦公室內引起一些回音。

海恩無奈地苦笑：「如果你這麼擔心，那我們也可以針對青年成家的族群做自地自建的徵件，這些人應該不會讓你的資產貶值吧！他們會帶來更多的活力及消費力到阿姆斯特爾三。」

在我們的研究中發現，每一個私人地塊都有大量（約六十至七十個）的停車位。

私人地主會用停車位的數量計算空地的總出租收益。就算停車位大量閒置（尤其夜晚時間），業主還是慣性地把停車位數量轉換為地產價值。在我們的訪談過程中，詢問了地主是否可能考慮將大量停車位移轉到大馬路的路邊停車？甚至是改建成垂直性的停車塔。地主表示只要租金效益維持就好。於是我們開始假設，如果能在保留停車位出租租金收益的情況下，將停車位做不同的集中或移位，多出來的空地空間是否可以作為其他暫時性或永久性的用途？

方案假設情況一：將私人的停車位空間作為夜間的公共出租使用，服務區域周邊的夜間商業及娛樂活動（譬如大型電影院所需的大量公共停車位）。

方案假設情況二：將部分停車位移至周邊的主要道路上，由出租公共停車位獲利。地塊上剩餘的空地可以作為大型市集或活動的攤位。而主要道路上的停車位也可以讓空曠的主要道路更富有城市道路的密度和人流、活動量。

方案假設情況三：將私人的停車位空間集中做迷你停車塔，剩下的停車空間空出來改成建築用地，只興建小型的低層建物。地面層限制以工作室或是商店為主，加強與街道互動的活動企劃，增添沿街面的人流及多樣性。

不過，雖然愛麗絲對亞洲常看到的停車塔感到好奇，但環斯很不喜歡。「這種停車塔故障率太高了，」環斯說，「而且你可以想像上下班時間二十幾組人在那邊等他的車下來嗎？」

「或許吧！在臺北大家都很習慣這樣的配置，不過可能也是因為我們的城市密度已經高到沒有其他選擇。」我笑著說。

海恩說：「如果每一個單獨地塊的地主可以依照自己的喜好和需求，選擇進行停車兌換公共空間的方案，對一條選定的街道來說，只要有幾個較為積極主動的私人地主參加造街即可塑造出街道的氣氛。其他的私人地主可以依自己的經濟能力自由選擇是否加入造街的改造過程，或是在區域邁向複合化的後期再自行選擇加入，也並不影響街道的改造過程。那這樣我們就可以從單一私人地塊的改造邁入街道式的造街計畫。」

「由微型轉變機制到造街，這會是私人屋主與政府的雙贏方案，就是大家合作創造多贏。」因為怕冷場太久造成現場空氣的凝結，我看大家沒有反對趕緊補充說明。

「我們建議政府由尺度最大的規劃層級，開始思索都市分區大致概念，先把商業街道預留起來，並讓不同等級的住宅在區內發生，但由最基本的規劃層級四著手建立政府和地主對話的管道，針對地主經濟能力和改建能力的不同實施停車位兌換公共空間的獎勵方案，這樣一來可以保證每一位私人地主參與改造的彈性。」海恩加油添醋地說。

共識會議上，西裝筆挺的地主們沒有強烈的反對，但也沒有顯得特別興奮，他們我看你、你看我，眼神似乎在說：「先看看有誰願意當和政府合作的第一炮，如果真的有搞頭我們公司再考慮跟進吧！」

二〇一四年初，我們透過荷蘭國家建築基金會向阿姆斯特丹市政府及「阿姆斯特丹東南地區工作站」呈報了研究規劃成果，並且被納入接下來阿姆斯特爾三到二〇四〇年的城市發展報告之中。雖然在政府計畫的改造順序跟私人地主的意願和參與性當時完全無法預測，不過至少我們貢獻了一個觀念：就是現有辦公樓的改造，新的住宅族群跟小商業的引進，還有開放空間的景觀改造，沒有前後順序，在一個個小範圍街區內，三者的同步滾動式改造才有可能讓阿姆斯特爾三轉型為住宅及辦公混合的城市街區。而這樣的建議到後續啟動，居然又等了八年，原本以為金融危機逐漸復甦以後，阿姆斯特爾三就會開始動起來，沒想到等到了二〇二二年，阿姆斯特爾三才開始有點轉變，緩慢地邁向住商混合的街區。

族群融合

都市的社會性重建

阿姆斯特丹從一九九〇年代開始了都市重建（英：Urban Reconstruction）⑬。在國家住宅部（英：Ministry of Housing, Spatial Planning and the Environment）發表的都市重建白皮書（英：White Paper on Urban Restructuring, 1997）中，提出了種種個案以推動都市再生及更新，在這份文件中清楚地載明健康城市的社區必須是混居的，社會住宅會被移除並且以市場住宅替代。這份文件規範包含阿姆斯特丹在內的其他三十個荷蘭城市中於一九四五至一九六五年之間興建的社區，都必須要接受這樣的政策去執行都市重建。

阿姆斯特丹的地方報紙曾經刊載一篇故事，內容述說一位住在西區花園的荷蘭白

13 一般來說，都市的環境及其建築因為老舊而不堪居住，即會進行都市重建（都市更新）。因為重建的社會成本頗高，較多地方會由政府及建設公司發起，並且透過地權的整合才能進行。（在臺灣，都市重建跟都市更新不同，都市更新的意義比較像是單棟的建築重建，而更大範圍的都市重建則較少發生。）

人女士，原本很習慣在自己的陽臺做裸體日光浴，直到後來對面搬來了一個摩洛哥新移民家庭。那位爸爸在樓梯間遇到她時的態度總是非常敵對，並且不會正眼看她。這讓她的日光浴越來越做不下去。而且她也很受不了這個新移民家庭只拿社會救濟金但是卻不需要工作。

在埃斯特倫用現代主義理念規劃的西區花園逐漸變成貧民窟之後，阿姆斯特丹政府終於在二〇〇〇年於西區花園城市區推動都市重建，透過打造公共設施、改建出售部分社會住宅等模式推動社區再造，並成立博物館記錄這個推動的過程。住宅法人「聯盟」曾經與一位荷蘭藝術家珍妮・范・海斯維克（Jenne van Heeswijk）在西區花園共同策劃

了一個社區參與的活動，叫做「面對你的世界」（Face your world），這個案子希望與居民共同設計一個鄰里公園。社區參與的過程還算順利，關於公園設計對新移民的包容性及圍籬設計等方面有很多的設計討論。不過或許主事者太過偏重於確保新移民的參與度，反而忽略了當地白人族群的參與性。另外，設計做出來後，拖延了很久才實際施作，這當中的時間落差讓很多居民失去了信心。而且政府及警方後來也因為對社區的治安沒有信心，開始在公園四周加裝錄影機，這讓很多的新移民青少年越來越不想約在公園裡頭。荷蘭社會走到這一步，已經有很多道德困境，像是主流社會因為怕站在一個加害者的位置上，而沒有適時反映他們認為不舒服的地方。執政者害怕被批評有種族主義，公務系統的推展有時候非常地緩慢，可能也因此延遲了社會的進程。

二〇〇四年被謀殺的導演西奧・梵谷（Theo van Gogh），其生前所拍攝的最後一部電影「〇六／〇五」，即是以政治人物皮姆・佛杜恩（Pim Fortuyn）被暗殺為主題；他是荷蘭著名畫家文森・梵谷（Vincent van Gogh）親胞弟的曾孫，所以這宗正中荷蘭人內心恐懼要害的謀殺案也蒙上一層致命陰影。西奧・梵谷及索馬利亞出身的作家／政治家——阿亞安・希爾西・阿里（英：Ayaan Hirsi Ali）曾共同監製「服從」（英：Submission）一片，該電影批評伊斯蘭教婦女低下的地位，其內容也同樣惹惱了部分伊斯蘭教徒。阿里常常公開批評伊斯蘭教、反對割禮及切割女性生殖器，她在二十三歲時取得荷蘭的政治庇護，並在二〇〇三年代表自由民主人民黨當選下議院議員。

一位名為穆罕默德・布耶里克（Mohammed Bouyeri）的摩洛哥第二代移民謀殺了西奧・梵谷，他用手槍向西奧・梵谷開了數槍後，再用附有伊斯蘭教意識形態文字的小刀插進了其身體的左側，在謀殺字條裡，他也提到了阿里的名字。布耶里克作為住在阿姆斯特丹西區花園裡的小區博斯恩洛默（Bos en Lommer）裡的移民第二代，這事件也導致政府加強對這個街區的關注。在西區花園內，你可以看到家家戶戶都懸掛著小耳朵衛星天線，不太喜歡回家的摩洛哥第二代青少年常常會聚集在街角，根據媒體的解讀，他們不太喜歡回家面對與荷蘭社會脫節、也不會講荷蘭語的父母，但又因為受到主流社會的排擠，他們當中的一部分人產生了對伊斯蘭教更為激進的效忠解讀，並且反對如同阿里這樣，某種程度上「出賣」了伊斯蘭教義的女性。根據記載，布耶里克曾經是地方街區組織的志工，常常服務鄰里。但在他的父母離婚、父親又再婚後，他就開始積極參與激進的伊斯蘭教組織，並且時常在街上鬧事。二〇〇七年，政府宣布西區花園為「需要被注意的社區」（Aandachswijk）後，在接下來的數十年，西區花園城市就啟動了大大小小不同的都市再造及舊屋改建作業。

改造的結果有部分成功的案例，譬如揚・埃弗森大街（Jan Evertsenstraat）是一條典型的阿姆斯特丹購物街，從約旦區的羅森格拉赫特街（Rozengracht）開始，貫穿從阿姆斯特丹學派所規劃的一九二〇年代阿姆斯特丹西區，銜接到一九五〇年代戰後的西區花園貧民窟。街上有繁忙的汽車通行、兩條電車和一線公共汽車路線，還有日用品雜貨店以及許多的快餐店。從阿姆斯特丹的內城區向外看，這條街的盡頭位於墨卡托廣場（Mercatorplein），這是一九二〇年代建立的阿米爾拉倫（Admiralen）社區的中心廣場，以阿姆斯特丹學派的風格建造。這是一個典型非常混雜的阿姆斯特丹市中心舊城區，有輕微的仕紳化傾向。但出了內城區，進入西區花園，商店開始變得稀稀落落，再經過墨卡托廣場之後，這條街一直延伸到雄偉的西區大湖斯洛特帕斯。在二〇一〇年時，大街上有一間珠寶店被兩名男子搶劫，其中一位商店老闆被殺。該事件甚至成為國家新聞，之後由街區中活躍的公民團體發起「關心揚・埃弗森大街」（Geef om Jan Eef）的運動，他們的目標是讓人們重新發現一條沒落的購物街。在積極的公民團體開始承擔責任的情況下，各種被提出的方案似乎也更加有效和富有創造力。到了二〇一四年，經與阿姆斯特丹市政府的協商後，揚・埃弗森大街被宣布為「自由區」的試點地區。這意味著在試點的兩年內，這條商店街的店主可以享受更寬鬆的商業管制，也可以在路邊擺攤，以吸引更多顧客。這是個有趣的測試，經由政府及當地店家開始與居民進行適當的協商，讓附近的商業活動受益，也讓居民受惠於商業活動所帶來的街區安全性和社區安全網。

一位堅定現代主義者的改變

我在阿姆斯特丹的第一個東家 de Architekten Cie 的前老闆皮・德・布朗現在已經很老了，過往他曾經規劃過荷蘭很多經典的建築跟都市區域，包括阿姆斯特丹音樂廳新主入口、海牙眾議院擴建、柏林國會大廈的翻修、荷蘭賭場的建築設計等等，可以說是一個在業界發展得很好的戰後建築師跟規劃師。

他畢業於一九六七年的荷蘭台夫特大學建築系，在年輕的時候曾經在阿姆斯特丹市政府的的住房部門工作，那時候也參與了拜默爾住宅區的興建計畫，非常崇拜現代主義的理想，可以說是一位相當堅定的現代主義者。

南軸是他做的一個大案子，那時候公司內的都市規劃部門很多人為這個案子忙碌。他習慣的操作方式是一種菁英式的規劃方法，就是由規劃者全權決定都市的未來，由規劃者畫出城市的偉大藍圖，我也曾是此規劃案中的一顆小螺絲釘。然而在他的晚年卻接了一個有趣的案子，讓他改變了過往的規劃思維。在阿姆斯特丹的東邊，接近與德國的國土交接處，一個名為恩斯赫德的城市「如慕比克」（Roombeek）街區，在二〇〇〇年發生了都市爆炸事件。當時如慕比克街區內一個裝滿了煙花的倉儲室爆炸，導致鄰近區域二十二人喪生及大約一千人輕重傷，儲藏室旁邊上百戶房屋、公司被摧毀或是局部損壞。這對向來平靜的荷蘭社會來說，是一個蠻震撼的都市災難事件。

災難地區的組成算多樣化，有一般的住宅區，還有荷蘭葛蘭斯啤酒（Grolsch）廠，跟舊的在地產業紡織廠等。這些紡織廠在二十世紀七〇年代時產業沒落後，漸漸有一些藝術進駐，也引入了一些小型的二手經銷商跟小型商業活動。該地區在災難前有九十五名藝術家的工作室設在此街區內，住民則有約六百多戶，其中有一半人住在低租金的社會住房之中，也有部分學生，其他兩百五十戶則為自有房屋者。

皮在接下了這個任務之後，發現這個帶有社區營造議題的規劃和過往任何他接手的任務都不同：具有城鎮性格，具有集體傷痛的記憶，又容易觸碰到社會的敏感帶。除了需要吸引新的社群、創造混居和就業機會，也要讓災難戶重返街區並興建自己的新住房，並需要協調新住房跟舊住房的住戶融合……，真是非常頭大。

過往作為一個現代主義者，後來卻看到年輕時畫筆下充滿理想的拜默爾社區變成貧民窟，然後又陸續被炸掉，一部分又逐漸轉型成多元混居的社區，皮於是決定——乾脆就什麼都不做，就根據如慕比克公民的想法進行規劃好了。這是一個蠻戲劇化的轉變，作為一個資深的現代主義信徒，居然在晚年開始大搞公民參與的街區規劃，且接下來的發展也讓民眾參與的城市規劃的占比，大大超越了荷蘭其他地區的規劃案例。

重建的第一步：皮沒有提供任何藍圖，反而是先幫居民辨活動，記錄各地區性的故事跟經歷，並且將這些場景彙整起來。在這個過程之中，皮發現人們對於如慕比克街區有非常多的依戀，也對地區性的街道名稱，以及具文化價值的景觀元素有記憶點——紡織業及農村、水塔、舊鐵道線、花園、傳統屋頂等等。

這段紀錄的參與時間拉長到大約五年，過程中居民譜出了初步的共識——重建計畫應該要能讓如慕比克成為：

一個可以返回的地區。
一個熱鬧的地區。
一個熟悉的地區。
一個有歷史的地區。
一個對未來有價值的地區。
一個沒有邊界的地區。
一個在你自己手中的街區。

一個安全的地區。

在後來的參與活動中，皮協助居民進一步把這些句子延伸，變成具體的空間策略：

一個可以返回的地區：它的發展方式使任何人都能再次在那裡找到自己的位置。

一個熱鬧的地區：最大限度地利用混合和各種城鎮環境，而不會變得雜亂無章。

一個熟悉的地區：例如透過保留現有的街道模式。

一個有歷史的地區：透過保留或帶回許多歷史元素。

一個對未來有價值的地區：透過使用可持續性和現代通訊技術基礎設施。

一個沒有邊界的地區：透過確保恩斯赫德的城市結構貫穿規劃區。

一個在你自己手中的街區：例如，以五十%的私人住房為目標。

一個安全的地區：以對社會負責的方式安排公共空間，並確保環境不安全的情況永遠不會再次出現。

在這八個指導原則被制訂出來之後，皮決定大規模地保留現有的整體城市結構。這就是為什麼在西部規劃部分，新增的主要道路系統與災前的道路狀況幾乎相同。葛蘭斯啤酒廠房舍和前工業區大部分位於東部規劃區，前鐵路線沿線則提供更多的新機能，為新的商業進駐和新住戶提供了更多的公共空間。

如慕比克路已被指定為公共生活的樞紐，是居民特有的活躍聚會場所，還有零售店、人行道咖啡館和市場。因此，這個焦點呈現出活潑、豐富多彩的外觀。穿過如慕比克中心的對角線南北路線是公共領域的第二個核心。作為一條腳踏車路線和未來的公共交通節點，這條路線將市中心與樹木茂密的郊區連線起來。一系列類似公園的區域突出了這條線，每個區域都有不同的主題，其中紀念碑也被賦予重要意義。

皮後來再根據這樣公共的城市架構去鼓勵居民進行各自房屋的修復和重建，並且也提供一些標準圖給有選擇障礙的居民參考。皮常常被邀請到住戶的家裡去開會，他常常跟住戶這樣解釋：「如果你了解自己居住在這樣的街區之中，公共空間已經被大家賦予了這麼多的意義，那或許你們家的房子外觀就不需要這麼多特殊性；同時，這也為你省下了荷包。」

後來如慕比克的重建案非常的成功（畢竟是居民大家一起討論出來的，要說規劃的不好等於是打自己的嘴巴），這樣的居民參與街區規劃案例，成為近年來荷蘭社區規劃與城市規劃的新佳話，也讓人看到一位堅定現代主義者到了老年時候的思維轉變——從上到下的菁英式規劃思維轉變成由下到上的社區參與式規劃。

從機能的混合到族群的混合

在漫長的商業殖民史的過程中，荷蘭人與印尼人曾不斷地通婚，後來在印尼脫離荷蘭統治後，有一群荷印混血的族群來到荷蘭，屬於荷蘭新移民之中融合得比較好的族群。可能當時的荷蘭社會也必須接受這些人的關係，屬於兩邊都別無選擇的狀況下而必須採取的融合。他們的混血子女，就成為現在荷蘭人口中的「印迪許」（荷：Indisch／英：Indo People）。

荷蘭第二波大規模新移民的移入，則是在二次世界大戰後的一九五〇至一九七〇年代。荷蘭引進土耳其、摩洛哥及蘇利南的勞工，從事各種勞動工作，諸如造橋修路、碼頭搬運等，一直到一九七三年的石油危機才停止。本來荷蘭人打算在這群勞工停止工作後，就把他們送回土耳其及摩洛哥，沒想到他們陸續申請將他們的妻子及小孩從母國接到荷蘭，當中很多人不願意回去，就這樣，來自土耳其及摩洛哥的新移民，從此在荷蘭住了下來。可能是因為荷蘭人並沒有準備好要接納這批新移民，也可能因為新移民的家長多數是勞工階層而須長時間工作，並沒有時間陪伴他們的下一代，另外還有信仰差異的原因，造成第二代移民與本地社會的撕裂，目前仍是荷蘭現代社會裡一個無解的問題。

自一九七〇年代起，民主、自由及公民社會的風潮吹到了阿姆斯特丹，政府鼓勵每個新移民社區擁有自己的宗教型社區中心、學校以及電臺，當時的城市治理政策為「為鄰里建設」（英：Building for the Neighbourhood）。荷蘭社會從十九世紀中葉起，對於他們複雜且多種族的社會組成採用支柱系統（英：Pillar System），意即每一個族群、宗教團體都可以擁有自己的活動跟言論空間，有自己的報紙、電視臺、學校、宗教空間等。支柱系統分門別類有天主教支柱、新教支柱、自由主義支柱及社會主義支柱等，每個人都必須進行登記，住在哪裡一目了然。不過這樣聚焦於整合社區既有居民的模式，對於普遍為低收入戶的摩洛哥人聚集街區，並沒有造成太多正面的迴響。

到了一九八〇年代，政治人物皮姆．佛杜恩開始公開反對這樣的社會福利及社會住宅政策。他曾經在接受荷蘭人民日報（*Volkskrant*）的專訪時說：「我討厭伊斯蘭教，我認為那是一個沒有在進步反而是退步的宗教。我常在世界各地旅遊，但是每當我到了有伊斯蘭教的地方，都是可怕、虛偽的地方。他們的宗教準則連聖人都很難做到。世界上除了荷蘭還有哪些地方可以讓同性戀的人當上地方領袖？我希望能保有我們國家在這方面的自由跟意識形態。」一直到佛杜恩被謀殺後，才開始有政治人物敢跟著公開反對一九七〇年代的「為鄰里建設」——這種讓新移民伊斯蘭教徒可以蓋自己的宗教中心，並拒絕與荷蘭主流社會進行融合的城市治理政策。而當時的政治傾向也開始不談所謂的「文化多樣性」，甚至會有人嘲笑說，這是一種不敢公開承認與新移民存在衝突的「政治正確說法」。於是有些政治人物用「世界公民」為號召，開始宣傳新的城市治理思維。

荷蘭政府面對自己國內的多重文化，及其所造成的各種衝突及融合問題，卻有點後知後覺，背後的因素可能是因為這些外來新移民，往往主要來自他們本國的殖民地，而非像美國，是一個本身由新移民創立的國家。

在阿姆斯特丹，都市重建不只是硬體的城市建設及住宅更新，同時也是人口、種族、社區組成等軟體的再思考。雖然在一九七〇年代的多種族專屬社區思維，的確讓每個不同移民文化社區彼此之間的內部居民連結強化了，但卻讓這些社區與整體城市斷了聯繫。也有社會學者研究，在這些各種族專屬社區內，如果新移民是暫時承租戶而住在這個社區，或是長遠的被配給戶或是銷售戶而住在這個社區，其在社區的經濟及文化能量也會不同。他們發現所謂「社會融合」這樣的口號其實不夠具體。他們也發現新移民聚集的社區不一定不好，然而普遍低收入的新移民社區一定不好，然而這樣的低收入社區就算是在白人群體裡也一樣。如果將低收入戶與高收入戶混在同個社區會造成反效果，那麼將低收入戶與中低收入戶及部分中產階級混在同一個社區就應該還可以。

學者研究如何讓一個新移民社區維持在一定的經濟及文化動能上，這跟這個社區的人口流動率很有關係。譬如華人熟悉的中國城，雖然很多窮人，但是都是希望向上流動的窮人、中國人及藝術家，他們都是暫時的住宅承租戶。嚴格說起來，中國城不是一個貧民窟的概念，它比較是一個經濟的有機體，真正的貧民窟人口是不太流動的。另外，如何維持社區有著一定的向心力是重要的，所以也要有一定同等社會經濟地位的居民團體比例。所以，如何混居銷售戶及承租戶在同一個社區也是很重要的。

近年來很成功的新移民住宅案例，是鹿特丹市的拉・米迪（Le Medi）摩洛哥小區；是一個由一位摩洛哥創業家哈薩尼・伊德里西（Hassani Idrissi）集資興建而成，具有中東風格的住宅兼文化村。拉・米迪小區有九十三個住宅公寓，其小區中間還有一個神聖的大型中庭廣場。圍繞著中庭廣場的廊道，鑲崁著象徵伊斯蘭文化藍綠顏色的馬賽克磚。拉・米迪小區在規劃和興建過程中，不斷受到社會輿論的質疑和反對，批評者認為這種小區只會演變為日後的貧民區。哈薩尼也以為建成後的買家市場只有來自摩洛哥的新移民，卻沒想到建成後，入住戶中有三成是荷蘭白人家庭。這些荷蘭白人都表示：一直很嚮往住在這種帶有異國情調的住宅小區裡！

這個富有強烈地中海風格的住宅小區於二〇〇八年落成，坐落於鹿特丹西邊的博斯波爾德（Bospolder）區域。它的配置形成了獨立的街廓內街道，晚上還可以獨立將小區關起來。建築師花了蠻多力氣在處理建築物的立面，窗框和門框都被放大並更加強裝飾，建築物的立面採取不同的中東色彩，扶手欄杆及門都有一些額外的細部。在小區的中央有一個方型的開放廣場，面對這個廣場的建築立面皆採取白色，然後置中還有一個噴水池。從廣場到小區入口有一個引水道，噴水池的水可以引到入口處，彷彿是某種精神象徵。哈薩尼是一名成功的移民創業家，他在鹿特丹經營餐廳。哈薩尼也是一個夢想家，他對於拉．米迪的要求非常多：需要有管制的大門、有廣場、有噴水池、有很多裝飾、很多小街道跟大街道。住宅區需要有摩洛哥的文化氣息，但是又要能融入鹿特丹內。在蓋起來之前，哈薩尼曾經找過很多人協助他，包含銀行、社會住宅法人、建商等，但都一直沒有實現。後來的建築師杰倫．格斯特（Jeroen Geurst）協助他實現了夢想，他認為哈薩尼對於裝飾太過要求，但荷蘭建築工人沒有這種傳統。他協助哈薩尼將他的構想轉化成建築外觀的顏色、建築配置、開放空間的形狀跟活動等。他們將細節呈現在窗框、磚造的細部、柱子等等，這些對於荷蘭的一般買家也具有吸引力。

新移民社區可否被規劃？這是一個複雜的問題。總結來說，流動率不能太低也不能太高、不同族群之間不能太相同也不能太不同、建築規模及管理組織不能過大、地價不能太貴但也不能低到造成類似貧民窟的印象。牽扯到混居模式的都市重建歷程會相當漫長，阿姆斯特丹各大移民社區從二〇〇〇年初開始了改造，到了二〇一四年起西區花園城市才有顯著的改變，其中也因為從二〇〇八年起荷蘭遭遇到金融危機的打擊，而放慢了重建的速度，因此這樣的改變到現在還是進行式。

二〇一七年，曾經於二〇一一年拜訪海恩並請教關於住宅改裝及如何整合居民的馬丁及桑德，啟動了黏土城的改造計畫，而且隨後的改造結果還相當的成功。馬丁的「荷蘭曙光公司」及桑德的 XVW architectuur 建築公司，以及合作的康多威瑟斯創意地產公司共同開發設計的「黏土城住宅」（De Flat Kleiburg）公寓改造案，獲得在歐洲建築界擁有很高榮譽的密斯凡德羅獎（英：Mies van der Rohe Award）。當整個拜默爾區舊現代主義住宅大樓數量的七十%都被拆除後，黏土城被留了下來，本來住宅法人羅奇代爾想找美國西岸的建築師事務所做立面的大幅度改造，試圖吸引一些媒體的注意力，並吸引一些住戶進來居住。無奈二〇〇八年金融危機後再也沒有這樣的經費，黏土城本來的命運也跟其他的大樓一樣會被拆除。但是後來由馬丁的團隊用一歐元將建築物買下來，雖然土地的費用不計入，但建築物仍需就土地支付七十年的使用費，所以事實上還另外需要約新臺幣兩千萬元，這是一個很誇張的計畫，但是在當時一片低迷的建築市場上，這又是有點合理的計畫，因為反正房子都要被拆。

這棟舊式通廊公寓建築物長大約四百公尺，本來有五百個公寓，總共有十一層樓。建築師們的構思是與其拆掉不成功的貧民窟住宅，不如只做公共空間的低度整建，整個花費大約三千萬歐元（折合新臺幣約一億元）。修復樓梯、電梯等公共空間，將低矮的廊道加高加寬，然後用低價（當時市價的二分之一至三分之一）出售黏土城內的住宅單元，並且讓買家可以自由選擇垂直或水平打通內部的單元，以連成較大的新住宅單元，一種類似買家可以DIY大幅度改建混凝土公寓的概念。原本建築物的一樓都是倉儲空間，建築師們將倉儲空間挪到大樓上方不同的地方，將地面層空出來，形成供社區娛樂與交誼的場所⑭。整棟曲折的長條形建築分成四段整修，分別在二〇一三、二〇一四、二〇一五及二〇一六年整修完成，並且分階段出售。黏土城在市場上的反應不錯，各式各樣的新型態住戶和年輕人開始住進來。原有的拜默爾居民、遷入的阿姆斯特丹居民以及遷入的非阿姆斯特丹居民各占約三分之一的比例組成。有些住戶帶著幼小的孩子進來看屋，走進破敗的室內，順便來場建築教育，向孩子說明拆除牆壁可以創造空間的流動感，或是水電管線的原理。孩子則興奮地在空曠的公寓內奔跑，感受創造生活的可能性。也有單身的藝術家搬進來，買了三戶原本的住宅單元，將裡面打通後實驗各種創新的生活型態，並且設置了自己的工作室。甚至有摩洛哥家庭買了五個公寓單元，跨越垂直向的三個樓層，組成了一個T字型，在中間垂直挑高的空間還有個小小的伊斯蘭教禮拜堂。

而這樣公民參與都市重建的過程，也成為荷蘭都市及住宅區規劃的新時代典範。我才發現，住商的混合似乎一直都不是荷蘭人重視的重點，而是怎樣建立一個協調性、人群混合，在彼此不互相干擾的狀況下進行合作、可以運作的社會體制，讓國家可以一直向前驅動。

所以與其說是城市機能的混合（譬如在臺灣及部分亞洲城市，對於住商混合的便利性追求），我發現阿姆斯特丹這座城市更加追求不同人群的混合，或是不同社會性的混合。這種混合不一定是要大家住在一起，但是社會性的調和卻是讓大家一起走下

14 關於黏土城修建前後的圖片，可參閱 https://www.archiposition.com/items/20180525110435。

去的基礎。在每一階段的共識下，讓城市開發可以在不造成衝突的原則下繼續執行；在每個時代不同經濟條件下，讓建築物興建或是再利用，且能不造成資源的浪費，這似乎是這座城市的日常下，持續在運轉的中軸。

一位真正的安那其分子

二〇一四年後，我逐漸將生活及工作的重心遷回臺灣，海恩與我一直保持email的聯絡。二〇一五年的八月，海恩在他蓋的「自由的社區」內的住宅工作室裡，於睡夢中過世。他傳來的最後一封email是四月十一日，他開頭寫著：「采和，由我草創的阿姆斯特丹學院派設計運動博物館已經如火如荼的展開了，但是我很快就會退出了，這樣才能讓真正的專業者進場管理這個項目」（英：Dear Tsaiher, our museum on the Amsterdam School design movement is expanding dramatically, but I will run away soon, to leave the management to real professionals）。不曉得海恩那時說的「很快就會退出」，是不是也說他很快即將離開人世了呢？

我感到有點愧疚，那陣子忙著工作，以至於這封信一直都還沒回覆，現在也沒有機會了。

他信中也告訴我：「雖然現在阿姆斯特丹的景氣已經逐漸復甦了，阿姆斯特爾三閒置辦公區卻還是一個睡美人（英：Amstel III is still a sleeping beauty），我們的規劃構想要落實似乎還遙遙無期呢！」

海恩過世後，荷蘭的朋友圈都在轉寄海恩過世的訊息，我知道很多人都在弔念他。媒體形容他是一位「身體力行的無政府主義（英：anarchism）者」及「一位真正的安那其分子」。

阿姆斯特丹日報（Het Parool）說阿姆斯特丹市有上百棟因為他的修繕而保留下來的建築物（大部分為住宅），老實說我不知道有這麼多，但很顯然的，很多修繕案都沒有簽約，也沒拿到設計費。

海恩跨越了阿姆斯特丹上個世紀的七〇、八〇、九〇年代到千禧年的十五個年頭，年輕時利用占屋政策解決市中心老城閒置空間的問題，到後來處理九〇年代至今，郊區的新移民住宅大樓改造及區域性閒置問題，規劃及住宅的設計都一直挑戰著荷蘭的土地管制規則及立法框架，透過公民參與及討論的介入，尋求改造城市及爭取住房的各種可能。

我突然覺得真是三生有幸，居然可以認識這樣子的智者、奇人，並成為朋友。我這位來自資本主義社會的「少女吔」也還沒就之前的吵架事件和他和解，他居然就這樣走了。這樣的感觸讓我有些動機開始著手籌備本書的寫作，宣揚他一部分的思想。

或許，海恩早也知道我會這樣做，或許他當年在阿姆斯特丹大學與地理學者們的那次聚會中，大方走來向我自我介紹時，就知道了。

鬼城再生

二〇二二年末，在全球經歷了三年的疫情逐漸解禁後，我回到了阿姆斯特丹，為此書做一些資料的補充。桑德跟與我一起從阿姆斯特丹市中心搭捷運到東南郊區的黏土城。很明顯的到了千禧年後，過往人煙稀少的捷運站多了很多人，從市中心疏散到阿姆斯特丹各個郊區工作及生活。桑德說過往拜默爾的住宅大樓評價都是很負面的，但是他不認為這是源於建築設計的問題，他認為是地點的問題，因為這些二戰後的房子大都建在城市的郊區，讓人們感覺遠離了城市的中心。另外，拜默爾有自己的市政廳，不像阿姆斯特丹其他的地方都以使用阿姆斯特丹市政廳為主，讓人們感覺跟市中心很隔離。

阿姆斯特丹一直深受歐洲傳統的文化遺產思維，及對居住品質的理想主義影響，因而在面對國際化市場時受到了更多的挑戰。雖然阿姆斯特丹的水手們曾經立足於世界的商業版圖之上，現今，如何應對瞬息萬變的國際市場，及更多國外的企業總部和新形態的國際移民移入自己的國土，亦是二十一世紀阿姆斯特丹這個轉型中的國際村落將不得不面對的課題。

千禧年後，蘭斯台德二代將阿姆斯特丹西側可以連結大學城萊登市及海牙市，東側則連結阿爾梅勒市，阿姆斯特丹南側的南軸複合辦公區，還可以一路連結到史基浦國際機場與烏特勒支市。拜默爾不再是一個阿姆斯特丹城市邊緣化的黑人貧民窟，而是一個屬於阿姆斯特丹—烏特勒支—史基浦國際機場跨都市網絡中的重要據點。桑德說因為二〇一九年阿姆斯特丹的房地產市場得到了爆炸式的成長，所以當時以市價二分之一至三分之一出售的公寓，現在已經漲到比周邊同等面積的公寓市價還高的地步，這是當時沒人可以想像的事情。

「沒有自己買一戶嗎？」我問他。桑德有點靦腆地說：「我當時只是一名窮建築師，又怎麼可能預測市場呢？」

在拜默爾旁邊，我和海恩曾經參與規劃的的阿姆斯特爾三閒置辦公區也開始陸續有了一些動靜，阿姆斯特丹政府宣布維持區內住宅的建築面積緩慢地增加。住宅單元從二〇二〇—二〇二七年將增加五千個學生和住宅單元，二〇二七—二〇四〇年再增加一萬個額外的住房單元。區內也將再增加更多服務機能，酒吧、餐館和零售店。公共空間也開始進行重建，以便讓新的住宅四周環境適合居住。

從二〇二二年開始，阿姆斯特丹政府也強硬了起來，先是引進數個大型住宅塔樓的投資者（其中包含了市場住宅和社會住宅），也引進了新的複合式機能大樓（其中包含商業、娛樂機能、美體、辦公、旅館等），我猜要跟區內既有的地主達成改造共識真的很不容易，所以政府有的素地還是拿來蓋新的房子，先引進人流及活動。這兩年，也開始滾動式的重新規劃跟施工道路周邊的景觀，大部分車行導向的馬路被改成公園或是自行車道為主的社區型道路，旁邊增加了兒童遊戲場跟景觀生態步道。當這些馬路的車行噪音被取消了之後，也陸續有幾棟私人辦公樓地主取得了改造為住宅的許可證，開始整修改建，從辦公大樓騰出越來越多的空間變成住宅單元。

在短期內，重點是監督和指導所需功能的改造和拆除，新建築、現有的辦公樓將改造成住宅或是住宅加辦公的小型家庭工作室，也包括重新開發周圍的公共空間，以多元（再）開發手段促進新的鬼城再生目標。與此同時，靠近捷運站的空地也有新的建築案件陸續在開發中。一家啤酒廠在鬼城中開始營業，這座酒廠設有大型屋頂露臺的夜總會，為閒置的阿姆斯特爾三的夜晚帶來了一點點噪音！（是的，這樣的變化對阿姆斯特爾三來說是很大的改變。）

然而這樣的再開發速度，比起海恩跟我當初預設的速度可以說是慢超級多倍（不得不說，作為一個城市規劃者最好活得夠久才行，不然都不知道自己的規劃案最後到底被實現多少）。在金融危機過後，阿姆斯特丹的房地產價格一飛衝天，經濟復甦使得投資者又一窩蜂地尋覓更容易開發的新建案去投資他們的荷包，但要改造現有的舊辦公大樓得開太多的共識會議，速度太慢，不受投資者跟建設公司的青睞。雖然政府一直都有在持續進行規劃作業跟共識會議，不過也得要私人投資者有興趣才行，本來以為房地產市場熱絡個幾年過後，投資者會開始進場阿姆斯特爾三，沒想到又遇上全球疫情，一直拖到二〇二二年後，阿姆斯特爾三才逐漸開始出現了真正的實體改變。

不過誰知道呢？搞不好哪一天如果再遇上一次金融危機，沒錢蓋新房子時，投資者又會想開始改建阿姆斯特爾三的閒置辦公大樓了（笑）。

二十一世紀的阿姆斯特丹

阿姆斯特丹其實一直有一種系統，將社會主義跟資本主義的力量作結合，從十七世紀的黃金時期開始，政府就參與私人企業的海外事業，並提供方便化的關稅機制及殖民機制。而十九世紀末為了從嚴重缺乏可供容納大量離農難民住宅的狀況下脫困，所創造的社會住宅制度，讓阿姆斯特丹建立一個由資本主義推動的社會住宅體制，將社會住宅做滾動式的開發和獲利管理，進而同時創造了一個更加均富的城市。

在阿姆斯特丹，雇主與勞工並不常衝突，因為他們會聯合起來，將提案交給政府。就像想要搬入拉．米迪社區和新移民一起生活的阿姆斯特丹人一樣，我們沒有辦法要誰和誰融合，只有當每個個體、族群自己想要和外界融合，不管動機是為了生存、為了賺錢還是為了宣示什麼，主動地向母體社會伸出觸角，才有可能產生真正的文化融合。而城市空間規劃能做的，可能只是將城市硬體對於新移民所造成的傷害及隔離降到最低，避免新移民因為不當的規劃讓他們和社會更加隔離，或是更加封閉。或許，住商混合或是混不混居都不是問題的核心，人們自己的主動性才是。所以當有那麼一天，新移民及母體社會發現可以合作，而他們也可以將居住的提案交給政府，融合就變成一個必然的結果。

就像海恩常常說的：「唯有自己認知自己想過什麼樣的生活，才知道住宅可以怎樣設計或是改造，而不是只是被動的接受市場上提供的『房地產』。唯有體驗過群體及共居生活，才知道一群人可以怎樣住在同一個社區內，又可以共享什麼或是不能共享什麼。而這樣的認知，對於建築師來說又格外的重要，因為我們有能力也有責任向社會大眾提倡更好的居住選擇跟城市生活。」

在二〇二二年即將結束的前夕，也就是《國家住宅法》及阿姆斯特丹學派所掀起的，屬於阿姆斯特丹二十世紀的住宅及城市改造運動歷經一百年風風雨雨，在無數成功及失敗的建築城市規劃案例經驗裡，指引著後輩再往前走。我和桑德，兩位即將邁入中年的建築師站在黏土城——這座曾經象徵「失敗」的現代主義通廊大樓前眺望著它改裝後的結果：建築物的外觀依舊蒼白跟單一，但是透過通廊後一戶又一戶的玻璃窗戶看進去，顯然多了很多人住在裡頭，而且每一戶人家室內的燈光打出來顏色都不同，在阿姆斯特丹寒冷的冬天裡，感覺相當地溫暖。

雖然居住在阿姆斯特丹，緩慢的步調跟閒散的日常生活似乎一成不變，但是這個城市其實不斷地在變化和發展。幾個世紀以來，內城一直是生活、工作和娛樂的基礎。在現有結構和建築物內，功能的變化仍然是可能的。然而，在上個世紀末和這個世紀初的銜接期間，由於內城空間不足和接納新住民的吞吐能力有限，城市的再開發和擴張出現了瓶頸。大型都市開發與內城小規模的街區結構相互衝突。內城之中，因為要進行都市重建，遇到了存在了七百年的紅燈區，大家似乎對於性產業的存在開始不太確定，雖然地區性的地產角力和龐大的觀光收益讓紅燈戶的完全消滅不太可能。而銜接內城和市郊的交通節點和其周邊區域，則從單一功能的現代主義車行城市，緩慢地轉型為要收納更多居住功能的混合型人本社區，這樣的趨勢大概是勢不可擋。雖然人的一生壽命有限，在城市發展的洪流之中，往往會急不可耐，甚至失去信心。但或許也是這種不可掌控性，眾志成城的各種期盼和幻滅，才能建起一座偉大的城市，持續改造並留下她的各種故事。

傍晚的天空飄著細細的雨，黏土城旁的街頭市集之中，蘇利南攤販在雨中吆喝著推銷他的雞湯麵，黑人及白人交雜著進進出出黏土城的通廊大樓。阿姆斯特丹這座城市從低窪沼澤地到十三世紀的小漁村、十五世紀的水手之鄉、十七世紀的貿易中心，再成為今天的國際空港城市，經歷超過八百年的歷史發展。如今的阿姆斯特丹沿著愛塞湖的水岸發展延伸到艾堡島，再發展到阿姆斯特丹北岸的舊船塢及東側的阿爾梅勒，南側則由南軸複合式辦公區及拜默爾連結史基浦國際機場與烏特勒支，一個人口不到百萬的村落型都會城市，從未如此的國際化。

而居住在這裡的建築規劃師們，一如往常地做著各種改造城市及生活的夢，在自由又混亂的未來式中，繼續摸索著下一步。

參考資料

- ▷ Ad Bakker, Piet de Rooij, Emma Los. *De Canon van Amsterdam: Voor Nieuwe Amsterdammers*, Boom, 2008.
- ▷ Bernard Huet, Oriol Bohigas, Rob Krier, Lauren Otis, Helmut Jahn, Rem Koolhaas. *Amsterdam: An Architectural Lesson*, THOTH, 1988.
- ▷ Dienke Hondius, Nancy Jouwe, Dineke Stam, Jennifer Tosch. *Gids slavernijverleden Nederland: Slavery Heritage Guide The Netherlands*, LM Publishers, 2019.
- ▷ Eveline Brilleman. *De Zeedijk*, THOTH, 2004.
- ▷ Fred Feddes. *A Millennium of Amsterdam: Spatial History of a Marvellous City*, THOTH, 2015.
- ▷ Judith Jongsma, Vincent van Loon, Hilda Neutel, Siebe Snoeren. *Hendrika Maria:*

Haar Geschiedenis Boven Water, Woonbootmuseum, 2014.

▷ Russell Shorto. *Amsterdam: A History of the World's Most Liberal City*, Abacus, 2013.

▷ Ton Heijdra, Alice Roegholt. *The Dageraad*, Museum Het Schip, 2018.

▷ Tsaiher Cheng（鄭采和）, with contributions by Manuel B. Aalbers, Jung-Che Chang, Hans Ibelings, Maarten Loopmans, Magdalena Sabat. *Red Light City,* The Architecture Observer, 2016.

ISSUE 46

我在荷蘭當都更說客

阿姆斯特丹以人為本的 10 年街區再生筆記

作　　者　鄭采和
主　　編　王育涵
責任企畫　林欣梅
美術設計　吳郁嫻
內頁排版　吳郁嫻
圖片攝影　魏惟、Roel Backaert（紅燈區）、
Marcel van der Burg、Stijn Brakkee（黏土城）

總 編 輯　胡金倫
董 事 長　趙政岷
出 版 者　時報文化出版企業股份有限公司
108019 臺北市和平西路三段 240 號 7 樓
發行專線｜ 02-2306-6842
讀者服務專線｜ 0800-231-705 ｜ 02-2304-7103
讀者服務傳真｜ 02-2302-7844
郵撥｜ 1934-4724 時報文化出版公司
信箱｜ 10899 臺北華江郵政第 99 號信箱
時報悅讀網　www.readingtimes.com.tw
人文科學線臉書　https://www.facebook.com/humanities.science/
法律顧問　理律法律事務所｜陳長文律師、李念祖律師
印　　刷　家佑印刷有限公司
初版一刷　2024 年 02 月 02 日
定　　價　新臺幣 460 元

我在荷蘭當都更說客：阿姆斯特丹以人為本的 10 年街區再生筆記｜鄭采和著｜初版｜臺北市｜時報文化出版企業股份有限公司｜ 2024.01 ｜ 320 面；14.8×21 公分｜ ISSUE；JA00046 ｜ ISBN 978-626-374-814-9（平裝）｜ 1.CST: 文化 2.CST: 社會生活 3.CST: 人文地理 4.CST: 荷蘭阿姆斯特丹｜ 747.271 ｜ 112022313

本書榮獲國藝會創作補助　NCAF 國｜藝｜會

ISBN 978-626-374-814-9
Printed in Taiwan

時報文化出版公司成立於一九七五年，並於一九九九年股票上櫃公開發行，於二〇〇八年脫離中時集團非屬旺中，以「尊重智慧與創意的文化事業」為信念。